KB236471

말씀의 빛

읽고 묵상하는 성경 공부 시리즈 **믿음의 나무 3**
믿음의 뿌리 교실 1권

말씀의빛

읽고 묵상하는 성경 공부 시리즈 믿음의 나무 3
믿음의 뿌리 교실 1권

지은이/김연수
펴낸이/김하정
펴낸곳/말씀의빛
편집책임/김지훈
디자인/김지훈
출판신고/2025년 11월 24일 제2025-000008호
초판 1쇄 인쇄/2026년 1월 6일
초판 1쇄 발행/2026년 1월 15일

주소/인천 동구 화도진로187 만석비치타운 110동 1204호
전화/010-6323-2067
ISBN 979-11-996090-2-0

성경 공부 시리즈 「믿음의 나무」를 발간하면서

성경 공부 시리즈 「믿음의 나무」는 농부가 옥토를 찾아 '씨앗'을 심은 후에 '뿌리'를 내리고 '가지'를 뻗고 나서 '열매'를 맺듯이, 신앙의 기초에서 시작해서 성장을 거쳐 삶 속에서 믿음을 실천하도록 돕는 것을 목적으로 제작한 성경 공부 교재입니다. 필자는 목사 안수를 받은 후 교회 현장에서 16년의 목회 경험과 장년 성경 공부 10여 년의 인도 경험을 바탕으로, 말씀을 사랑하지만 어디서부터 시작해야 할지 몰라 머뭇거리는 성도들을 돕고자 이 시리즈를 집필하였습니다. 신앙 성숙의 원리를 구체적인 상황과 연결함으로써 '말씀을 아는 성도'에서 '말씀을 살아내는 제자'로 성장하도록 이끌고자 했습니다. 이 시리즈의 교재들을 배우고 익히면서 한 걸음씩 말씀을 따라가다 보면, 씨앗이 심겨지고 뿌리를 내리며, 가지를 풍성하게 뻗어서 아름다운 열매를 맺는 신앙 성장의 은혜를 누리게 될 것입니다. 본서에 인용된 모든 성경 구절은 「개역개정」을 따릅니다.

성경 공부 시리즈 「믿음의 나무」를 아래와 같이 구성했습니다. 본 교재는 2단계 : 『믿음의 뿌리 교실 Ⅰ권』입니다.

- 1단계 : 『믿음의 씨앗 교실 Ⅰ권』
  『믿음의 씨앗 교실 Ⅱ권』

- 2단계 : 『믿음의 뿌리 교실 Ⅰ권』
  『믿음의 뿌리 교실 Ⅱ권』

- 3단계 : 『믿음의 가지 교실 Ⅰ권』
  『믿음의 가지 교실 Ⅱ권』

• 4단계 : 『믿음의 열매 교실 Ⅰ권』

　　　　『믿음의 열매 교실 Ⅱ권』

본 시리즈의 각 교재들은 '단계적 연속성'을 지닙니다. 따라서 1단계 Ⅰ권부터 4단계 Ⅱ권까지 여덟 권을 차례대로 공부하면 좋겠지만, 그렇다고 해서 반드시 순서를 따를 필요는 없습니다. 어느 단계의 교재이든지 마음이 가는 것을 골라서 하나님 말씀을 배우고 묵상하면서 순종으로 이어 가겠다는 마음이면 충분합니다.

필자는 본 시리즈의 교재들을 우선적으로 개인이 하루에 한 과씩 정독하고 묵상하면서 공부하도록 설계하였습니다. 교재의 내용들을 연속으로 읽어 내려가기보다는, 조용한 장소를 찾아서 하루에 한 과씩 내용을 읽고 묵상하신 후에 마지막 단락에 있는 "성경 공부를 통해서 얻은 통찰 메모하기"로 마무리하시길 권합니다. 아울러 본 교재는 소그룹 나눔과 강의식 성경 공부에도 무리 없이 활용할 수 있도록 내용이 구성되어 있습니다. 개인 학습으로 다져진 통찰을 공동체와 함께 나누되, 리더의 강의와 토론을 통해 이해를 확장하고 교재에 있는 여러 나눔의 내용들을 소그룹 안에서 나누실 것을 권합니다. 이러한 나눔과 피드백의 선순환이 배움이 생활의 습관으로 이어지도록 도움을 줄 것입니다.

시리즈의 각 교재들마다 '나눔 거리'(객관식과 주관식)를 풍성하게 담아서, 독자들이 배운 내용을 공부하는 자리에서 되새기면서 적용하도록 하였습니다. '나눔 거리'는 성경 지식을 머리에만 머물지 않고, 마음과 삶으로 옮겨가도록 돕는 통로가 됩니다. 나눔을 통해서 말씀이 구체적인 삶의 적용점으로 이어지며, 나아가서 '개인의 깨달음'이 '공동체의 지혜'로 확장되는 징검다리가 될 것입니다. '나눔 거리'는 대부분 객관식으로서, 객관식 나눔의 답이 하나일 때도 있고 여러 개일 때도 있고 전부일 때도 있습니다. 주관식 나눔도 일부 들어가 있는데, 주관식 나눔의 목적을 교재의 내용을 묵상하는 중에 나눔을 천천히 읽고 곰곰이 생각해 보는 과정을 가짐으로써, 사고의 폭이 넓어지고 삶의 실천으로까지 나아가도록 하는 데에 두었습니다. 교재의 마지막 부분에 객관식 나눔의 답과 주관식 나눔에 대한 예시 답변을 실어놓았으니, 묵상을 마치신 후에 참조하시면 되겠습니다.

본 시리즈는 '지식'을 넘어 '삶'으로 이어지는 믿음의 여정으로 안내하는 것에 주안점을 두었습니다. 본 시리즈의 교재들이 독자들에게 하나님과의 관계를 다시금 점검하면서, 흔들림 없는 믿음으로 나아가도록 그 토대를 세워 줄 것입니다. 바라기는 본 시리즈의 교재들을 접하는 모든 이들이 말씀의 반석 위에 굳건히 서며, 신앙 공동체 안에서 함께 믿음의 성장을 이루어가는 기쁨을 누리게 되기를 소망합니다.

본 교재(『믿음의 뿌리 교실 Ⅰ권』)는 11주 과정으로서, 성경의 핵심적인 주제들을 이해하면서 신앙의 뿌리를 견고히 세우는 여정입니다. 전반부에서는 성경의 구성과 계시와 영감과 정경 문제를 다루면서 성경의 권위를 확인합니다. 그리고 성령의 조명과 해석 원리를 배우면서 말씀을 바르게 이해하는 기초를 세웁니다. 이어서 하나님 존재와 사역, 속성과 삼위일체를 살피면서 신앙의 중심을 다지고, 예수님의 십자가 죽음과 부활과 승천 사건을 통해서 구속의 핵심을 배웁니다. 끝부분에서는 성령의 위격과 사역, 그리고 임재와 내주와 은사와 열매를 통해서 성령의 역사를 배우게 됩니다. 『믿음의 뿌리 교실 Ⅰ권』의 목적은 기독교의 핵심이 되는 여러 주제들을 배우면서 독자들이 교리적 분별력을 키우고 신앙적인 깊이를 더하는 데에 있습니다.

원고 집필 과정 내내 관심과 기도로 응원해 주신 모든 분들께 감사를 드립니다. 특별히 광성교회에서 10년간 성경 공부를 인도할 수 있도록 배려해 주신 남광현 위임목사님께 감사드립니다. 목사님의 관심과 넓은 배려 속에서 풍부한 성경 공부 경험을 쌓을 수 있었습니다. 그리고 지난 10여 년 동안 저의 성경 공부 강의에 성실하게 참여하신 광성교회의 여러 성도님들께도 감사드립니다. 바쁜 목회 일정 속에서도 본 교재의 디자인을 맡아 주신 김지훈 목사님께 깊이 감사드립니다. 세심한 미감과 구조화 덕분에 글의 내용의 가독성과 전달력이 한층 높아졌습니다. 본문을 정성껏 교정해 준 동생 김지연 집사에게도 감사의 마음을 전합니다. 꼼꼼하게 오타를 점검하면서 문장을 다듬어줌으로써 글의 정확성과 품격이 크게 향상되었습니다.

바라기는 이 작은 책이 하나님을 사랑하는 독자들의 신앙 여정에 따뜻하고 섬세한 동반자가 되기를 바랍니다.

2025년 11월 24일

김 연 수

이 책을 개인적으로 공부하는 방법

(매일 또는 한 주에 한 과씩 10주 과정으로 읽고 묵상하실 것을 권합니다.)

1. 공부 준비(3분): 교재와 함께 필기구를 준비하고 조용한 장소를 찾아서 기도를 한 후에 성경 공부를 시작합니다.

2. 개요 파악(5분): "학습 포인트"를 읽은 후에 해당 과가 어떤 소제목들과 내용으로 구성되어 있는지를 훑어보면서 파악합니다.

3. 본문 읽기(20분): 본문을 정독해서 읽어 내려가는 중에 핵심 문장들에 밑줄을 긋고 그 의미를 새겨봅니다.

4. "함께 나누어요"(17분): 본문의 마지막 항목마다 "나눔 거리"가 들어가 있습니다. 정답 유도형 나눔이 아니라 자기반성적이고 성찰적인 성격의 나눔입니다. 읽은 본문을 근거로 답을 찾도록 구성되어 있어서, 객관식 나눔의 정답을 쉽게 찾을 수 있습니다. 객관식 나눔에서는 정답과 틀린 답변들을 보면서, 나와 내가 속한 공동체가 어떤 모습을 띠는지를 잠깐씩 돌아보는 시간을 갖습니다. 주관식 나눔에서도 특별히 답을 찾으려 하지 말고 나눔의 의도가 어디에 있는지를 생각해 보는 정도이면 좋습니다. 중요한 것은 '정답'보다 '진심 어린 성찰'입니다. 교재의 마지막에 "함께 나누어요 - 정답"을 실어놓았으니, 성경 공부를 마친 후에 정답을 비교해 보시면 되겠습니다.
cf) 객관식 나눔의 정답이 하나일 때도 있고 여러 개일 때도 있습니다.

5. 통찰 메모와 마무리 기도(10분): 성경 공부를 마치면서 공부한 내용을 머리에 떠올리면서 마지막 메모 란에 "통찰"을 적습니다. 이때 통찰에 주중 실천 사항 한 가지 정도가 포함되면 좋습니다. 통찰을 기록한 후에 기도로 마무리하면서 성경 공부를 마칩니다.

이 책을 소그룹에서 공부하는 방법

(소그룹 리더용 - 한 주에 한 과씩 10주 과정으로 읽고 묵상하실 것을 권합니다.)

1. 오프닝 & 기도(5분): 리더가 소그룹 멤버들을 환영하고 서로 인사를 나누도록 한 후에 기도로 성경 공부를 시작합니다.

2. 개요 파악(5분): 리더가 소그룹 멤버들과 함께 "학습 포인트"를 읽으면서 해당 과가 어떤 소제목들과 내용으로 구성되어 있는지를 훑어보면서 파악하도록 이끕니다.

3. 본문 읽기(20분): 리더는 성경 공부 전에 본문의 각 소제목에서 핵심 설명이 무엇인지를 미리 파악하면서 요점을 파악하셔야 합니다. 성경 공부 시 미리 파악한 요점을 간략하게 설명합니다.

4. "함께 나누어요"(20분): 본문의 마지막 항목마다 "나눔 거리"가 들어가 있습니다. 정답 유도형 나눔이 아니라 자기반성적이고 성찰적인 성격의 나눔입니다. 읽은 본문을 근거로 답을 찾도록 구성되어 있어서, 객관식 나눔의 정답을 쉽게 찾을 수 있습니다. 객관식 나눔에서는 리더가 정답과 틀린 답변들을 가지고 지체들이 자신들의 신앙생활이 어떤지를 돌아보도록 이끌어야 합니다. 주관식 나눔에서도 특별히 답을 찾으려 하지 말고, 리더가 나눔의 의도가 어디에 있는지를 지체들이 생각하도록 이끄는 정도이면 좋습니다. 중요한 것은 '정답'보다 '진심 어린 성찰'입니다. 교재의 마지막에 "함께 나누어요 - 정답"을 실어놓았으니, 성경 공부를 준비하실 때 정답을 참조하면서 나눔의 방향성을 잡으시면 되겠습니다.

cf) 객관식 나눔의 정답이 하나일 때도 있고 여러 개일 때도 있습니다.

5. 통찰 메모와 마무리 기도(10분): 리더는 성경 공부를 마치면서 지체들이 공부한 내용을 머리에 떠올리면서 메모란에 "통찰"을 적도록 인도합니다. 지체들이 적은 통찰을 소그룹에서 짧게 나눈 후에 기도로 마무리하면서 성경 공부를 마칩니다.

추천의 글 1

김 명 용 (前 장로회신학대학교 총장, 온신학아카데미 원장)

김연수 목사가 성경 공부 시리즈 「믿음의 나무」(1-8권)를 펴내게 됨을 진심으로 기쁘게 생각합니다. 이 시대의 한국교회 성도들에게 꼭 필요한 성경 공부 교재입니다. 성경 지식을 전달하는 데만 머무르지 않고, 말씀을 삶으로 살도록 하는 실제적 동력을 제공해 줍니다. 매 과마다 학습 포인트를 먼저 제시하면서 본문과 나눔과 적용의 구조로 명확하게 이루어져 있어서 누구나 부담 없이 혼자서 이 교재를 읽으면서 공부할 수 있습니다. 나아가서 새가족반(기초반), 양육자반(중급반), 성숙자반(상급반) 등 다양한 소그룹 성경 공부 교재로도 손색이 없습니다. 교회 교육의 표준을 찾는 분들에게, 저는 확신을 가지고 이 시리즈를 추천합니다. 성경 공부 시리즈 「믿음의 나무」가 각 교회와 가정에서 성도들의 믿음의 토대를 깊게 세우고, 예수 그리스도의 제자의 삶을 일상 속에서 풍성하게 살아가도록 이끌기를 소망하면서 기쁨으로 본서를 권합니다.

추천의 글 2

정 성 진 (거룩한빛광성교회 은퇴목사, 실천신학대학원대학교 총장)

교회에서 예배 다음으로 중요한 것이 성경 공부요 목사의 사역 중 설교 다음으로 성경을 가르치는 것이 중요합니다. 성경 공부 교재를 만드는 분들은 대부분 기독교교육 전공자들이고, 성서학을 전공하는 분들이 간혹 있습니다. 그런데 김연수 목사는 조직신학박사입니다. 조직신학자로서 방대한 분량의 성경 공부 교재를 발간한 일은 매우 드문 경우입니다. 김연수 목사의 목회 여정을 살펴보니 광성교회 부목사로서 성인 성경 공부를 9년간 인도하면서 그 경험을 바탕으로 시리즈별 성경 공부 82주 과정의 방대한 교재를 집필한 것임을 알게 되었습니다. 조직신학자가 집필한 성경 공부 교재답게 기초과정, 중급과정, 상급과정, 성숙자과정으로 체계적으로 잘 구성되어 있음을 보았습니다. 성인 성경 공부 교재가 부족한 한국교회에 매우 바가운 일입니다. 김연수 목사의 노고를 치하드리며 한국교회 성숙에 크게 이바지하게 될 것을 믿어 기쁨으로 추천하는 바입니다.

윤 철 호 (장로회신학대학교 명예교수)

성경 공부 시리즈『믿음의 나무』는 신앙의 기초를 든든히 세우고 싶은 모든 성도에게 꼭 필요한 성경 공부 교재입니다. 저자의 풍부한 목회 경험이 담긴 이 책은 말씀을 알고-묵상하고-살아내는 신앙의 여정을 따뜻하게 안내합니다. 하루 한 과씩 묵상하도록 설계된 구성과 풍성한 나눔 요소는 개인 학습은 물론 소그룹 공부에도 탁월합니다. 신앙의 씨앗이 자라 뿌리를 내리고 열매 맺도록 돕는 귀한 도구로서, 말씀 앞에서 다시 출발하고자 하는 모든 분께 기쁘게 추천합니다.

추천의 글 4

최 윤 배 (前 장로회신학대학교 조직신학 교수/現 객원교수)

추천인은 김연수 박사님의 옥저, 성경 공부 시리즈 『믿음의 나무』(8권)를 크게 두 가지 이유에서 모든 평신도들과 신학도들과 목회자들에게 강력하게 기꺼이 추천드립니다.

첫째, 저자가 김연수 박사님이기 때문입니다. 추천인은 그의 장로회신학대학교 학부(Th.B.)와 신학대학원 교역학석사(M.Div.) 과정에서 만난 이후, 그의 조직신학 전공 신학석사(Th.M.) 학위논문과 신학박사(Th.D.) 학위논문 지도교수로 함께 하였습니다. 그리고 그는 조교로서 추천인을 옆에서 직접 돕기도 하였습니다. 오랫동안 가까이서 경험한 김연수 박사님은 한결같이 성실하고 신실한 믿음의 신학도이며, 전도사며, 목사며, 신학자였습니다.

둘째, 본서의 내용과 저술 방법 때문입니다. 이 땅에 수많은 신앙 서적들이 있지만, 아쉬움을 가진 서적들이 많습니다. 내용이 난해하거나 부실한 경우가 적지 않습니다. 그러나 김연수 박사님의 『성경 공부 시리즈』는 내용이 아주 성경적이고 복음적인 동시에, 신앙백과사전과 같은 방대한 성경과 교리 내용이 아주 간결하고도 명쾌하게 진술되어 있습니다. 이에 본서를 평신도와 신학도와 목회자 모두가 읽고 배우며 삶과 교회에 실천하길 바라면서, 한국교회의 성숙을 위해 자신 있게 추천합니다.

추천의 글 5

신 옥 수 (장로회신학대학교 조직신학 교수)

하나님의 신실한 종 김연수 목사가 성경 공부 교재를 출간하게 됨을 진심으로 축하 드립니다. 건강한 신앙과 탄탄한 신학적 지식을 바탕으로 짜임새 있게 구성된 책이라고 생각합니다. 무엇보다도 하나님의 말씀을 사랑하고 교회를 사랑하는 마음이 가득 담겨 있습니다. 다양한 주제를 통해 신앙의 기초를 쌓을 수 있도록 풍성한 말씀의 식탁을 베풀고 있습니다. 말씀을 묵상하고 함께 나눔으로써 성도들의 실제 생활에 적용할 수 있도록 구성되었습니다.

김목사님은 장로회신학대학교 대학원에서 조직신학 박사 학위를 취득했는데, 누구보다도 탁월하고 성실하며 근면한 모습을 보여주었습니다. 10여 년 동안 교회 현장에서 성도를 사랑하고 섬기는 한결같은 자세로 성경 공부를 인도해왔으며, 이제 그 열매를 한국교회 앞에 내놓게 되었습니다. 본 저서가 하나님의 말씀에 대한 열정을 지닌 성도들에게 마른 가뭄에 생수처럼 다가갈 수 있기를 바랍니다. 성도들의 삶의 변화를 낳는 소중한 기회를 제공함으로써 말씀 공동체의 성숙을 위한 디딤돌이 되기를 기대합니다.

추천의 글 6

남 광 현 (광성교회 위임목사)

김연수 목사님은 제가 아는 목사님들 중 가장 목사님다운 목사님 중 한 분입니다. 우리 교회 청년부를 맡으면서부터 알게 되어 지금까지 10년을 같이 동역한 목사님입니다. 그런데 그렇게 선할 수 없습니다. 목사님은 학창 시절 공고 출신으로서 학교 다닐 때 모자를 삐딱하게 쓰고, 가방에 연장을 들고 다녔고, 그리고 성인이 되어서는 인천 당구 300 정도였다 합니다. 예수님을 만나기 전의 김연수는 어떤 사람이었을까, 가히 짐작이 갈 것입니다. 그러나 제가 지난 10년 동안 경험한 김연수 목사님은 정말 선한 목자입니다. 그렇다면 무엇이 그를 이렇게 변화시켰을까? 예수님입니다. 그분의 말씀입니다.

이번에 출간하는 성경 공부 시리즈 「믿음의 나무」는 그것을 보여줍니다. '씨앗'에서부터 시작하여 '뿌리', '가지', 그리고 '열매'에 이르는 변화! 그 내용은 오늘의 김연수 목사를 가능하게 한 하나님을 향한 그의 신앙고백과도 같습니다. 그가 공부했고, 그가 살았고, 그가 경험했고, 이제 묻고 답하는 과정 속에서 알아가게 되는 하나님입니다.

김연수 목사님은 조직신학 박사이기도 하지만, 우리 광성교회에서 수년간 목회와 성경 공부 사역을 성심을 다해 섬겨 온 목자입니다. 이 책은 김연수 목사님의 신학적 고민과 목회적 통찰이 알차게 담긴 결실입니다. 본 시리즈는 성경 본문에 기초해서 교리와 삶을 유기적으로 연결하며, 개인 묵상과 소그룹 나눔이 자연스럽게 맞물리도록 설계되어 있습니다. 질문과 적용이 선명하고 한국교회 현실에 맞춘 예시들이 독자들의 일상 속 순종을 구체적으로 이끌어줍니다. 말씀을 '아는 것'에서 멈추지 않고 '따르는 것'으로 이끄는 구조가 돋보이며, 교회 공동체가 같은 언어로 복음을 고백하고 실천하도록 돕는 좋은 커리큘럼입니다.

저는 본 시리즈가 우리 교회의 성도들뿐 아니라 한국교회 곳곳의 소그룹과 교육부서에서 널리 쓰이기를 진심으로 권합니다. 김연수 목사의 신실한 신앙과 탄탄한 연구가 만들어 낸 이 귀한 교재를 기쁨으로 추천합니다.

차 례

성경
이야기

1과. 성경 이야기(1)

1. 성경의 구성과 성경의 내용들

　① 성경의 구성

　② 성경이 담고 있는 내용들

　③ 성경이 과학적인가? 비-과학적인가?

2. 계시의 문제

　① 일반계시

　② 특별계시

1과. 성경 이야기(1)

성경은 신자의 믿음의 기초입니다. 성경에 대한 신뢰는 하나님에 대한 신뢰이면서 기독교에 대한 신뢰이기도 합니다. 성경이 하나님의 감동으로 오류 없이 기록된 하나님의 말씀인 것을 믿는 것이 신앙의 가장 중요한 전제이고 출발점입니다. 칼빈(John Calvin)은 "신자는 하나님을 경외하면서 동시에 성경도 경외한다"라고 말했습니다. 그가 이렇게 말한 이유가 무엇일까요? 첫째로 성경이 살아계신 하나님의 말씀이기 때문입니다. 둘째로 하나님께서 성경을 통해서 자신을 드러내셨기 때문입니다. 셋째로 우리 인간이 성경을 통해서 하나님을 알 수 있기 때문입니다.

신자가 예수 그리스도의 성숙한 제자가 되려면 '권위를 지닌 지침'이 있어야 합니다. 신자에게 권위를 지닌 지침서가 성경입니다. 우리 신앙인들에게 성경은 최고의 권위를 지닌 지침서입니다. 성경은 신적 권위를 갖습니다. 이 권위는 사람이 아니라 하나님께서 부여하신 권위입니다. 성경 외의 다른 권위들은 부차적인 것입니다. 따라서 성경을 붙잡는 것은 단순한 선택이 아니라, 신자의 신앙생활에 있어서 절대적인 토대가 됩니다.

함께 나누어요 ❶

1. 성경의 구성과 성경의 내용들(Structure and Contents)

① 성경의 구성(Structure)

성경은 구약성경과 신약성경으로 되어 있습니다. 모두 66권이며, 구약 39권과 신약 27권으로 구성되어 있습니다. 성경의 책들은 역사서와 시가서와 예언서와 복음서와 서신서 등, 다양한 장르로 구성되어 있어서, 각 책의 문체와 주제에 따라서 다채로운 메시지를 전달합니다. 구약성경은 하나님의 천지창조와 이스라엘 백성들의 애굽 탈출과 이스라엘의 역사를 중심으로 하나님과 그분이 선택하신 백성들과의 언약 관계를 기록하고 있습니다. 신약성경은 예수 그리스도의 생애와 사역 그리고 초대교회의 성장 배경 및 바울과 여러 사도들의 전도 여행과 그들이 전한 신앙적인 교훈을 담고 있습니다.

성경은 1,189장(구약 929장과 신약 260장)으로 구성되어 있습니다. 13세기 초 스티븐 랭턴(Stephen Langton)이 성경의 장들을 구분했습니다. 절로 구분하면 31,173절(구약 23,214절과 신약 7,959절)입니다. 성경의 절 번호는 로베르 에스티엔(Robert Estienne)이 정착시켰고, 1560년 제네바 성경이 대중화에 기여했습니다. 장과 절의 구분은 성경을 쉽게 찾고 읽기 위한 방편입니다. 장과 절을 따라서 필요한 구절을 신속하게 찾는 것도 중요하지만, 성경 전체가 하나의 커다란 구속사의 이야기로 이어진다는 점을 기억하면서, 그 흐름 속에서 성경을 통전적으로 읽어가려는 노력도 필요합니다.

② 성경이 담고 있는 내용들(Contents)

  성경은 그 앞자리에 하나님께서 천지와 사람을 창조하신 것을 기록하고 있습니다(창 1:1). 그리고 인류의 타락과 죄로 인한 고통과 하나님의 구원의 역사도 기록하고 있습니다. 성경은 하나님이 누구신지를 가장 잘 알려주는 책입니다. 성경을 읽음으로써 우리는 하나님께서 온 세상의 창조자이시고 나의 주인이시며 나의 구원자이신 것을 알 수 있습니다. 하나님은 우리 인간으로 하여금 구원을 얻게 하고, 구원받은 우리가 어떻게 살아야 하는지를 가르쳐주는 신앙생활의 지침으로 성경을 주셨습니다.

[디모데후서 3:16-17]
"모든 성경은 하나님의 감동으로 된 것으로
교훈과 책망과 바르게 함과 의로 교육하기에 유익하니
이는 하나님의 사람으로 온전하게 하며
모든 선한 일을 행할 능력을 갖추게 하려 함이라"

  그리고 구약성경에는 구원자로서 이 땅에 오실 예수님에 관한 예언이 기록되어 있고, 신약성경에는 구원자로 이 땅에 오신 예수님에 관한 내용과 예수님에 관한 해석들이 기록되어 있습니다. 성경은 영생의 말씀으로서, 영생을 얻는 방법을 기록하고 있습니다(요 20:31, 요 3:16).

[요한복음 20:31]
"오직 이것을 기록함은 너희로 예수께서 하나님의 아들 그리스도이심을 믿게 하려 함이요
또 너희로 믿고 그 이름을 힘입어 생명을 얻게 하려 함이니라"

[요한복음 3:16]
"하나님이 세상을 이처럼 사랑하사 독생자를 주셨으니
이는 그를 믿는 자마다 멸망하지 않고 영생을 얻게 하려 하심이라"

성경이 하나님의 말씀이라는 사실이 내 삶에 어떤 영향을 끼친다고 생각하나요? 내가 신뢰하는 말씀 한 구절을 암송하고 그 의미를 깊이 묵상해 보시기 바랍니다.

'성경이 하나님의 말씀이자, 신앙생활의 지침이 된다'는 것을 비-신자들에게 전하려고 합니다. 효과적으로 전하려면, 그들과 어떤 방식으로 대화를 해야 할까요?

① 성경 말씀이 나의 삶에 변화를 가져다준 실제 경험을 자연스럽게 나눈다.

② 상대방의 관점과 질문을 존중하면서, 그의 필요와 관심사에 맞춰 이야기를 풀어간다.

③ 성경의 가르침이 일상 문제에 어떻게 적용되는지를 구체적으로 설명한다.

④ 성경의 내용을 부담 없이 접할 수 있는 문화-역사 이야기로 말문을 연다.

③ 성경이 과학적인가? 비-과학적인가?(Scientific or Non-Scientific)

이 물음에 답을 함에 있어서 우리는 하나님께서 성경을 주신 목적이 무엇인지를 알아야 합니다. 성경의 목적은 과학적 사실들을 가르쳐 주기 위함이 아닙니다. 자연 세계의 작동 원리를 설명하기 위함도 아닙니다. 성경의 목적은 하나님의 구원의 역사와 그분의 섭리를 계시하는 데 있습니다. '하나님이 누구신지, 인간이 어떤 존재인지, 그리고 구원의 길이 무엇인지를 알려주는 것!' 여기에 성경의 목적이 있습니다. 따라서 '과학적인가, 비-과학적인가'의

물음은 성경의 본래 목적에서 벗어난 물음입니다.

하지만 이러한 진술이 성경이 과학과 모순된다는 의미는 아닙니다. 장로교 신학은 하나님께서 자연 세계와 성경 모두를 진리로 주셨다고 가르칩니다. 자연을 통한 계시('자연계시')와 성경을 통한 계시('특별계시') 모두 하나님으로부터 왔기에 참된 과학은 계시와 본질적으로 모순되지 않습니다. 따라서 우리는 성경을 읽고 바르게 해석하면서, 자연의 원리와 과학적 사실들을 탐구하고 적용해야 합니다. 장로교 신학은 성경이 과학과 모순된다고 가르치지 않고, 성경이 과학을 포함한 모든 학문의 바른 기초가 된다고 가르칩니다. 올바른 과학 탐구는 하나님의 창조 질서를 탐구하는 것에서 시작이 되는데, 성경은 그 창조주 하나님을 올바르게 알도록 해 주는 자료입니다. 결론적으로 성경은 '초-과학적 특성'을 지닌 책이라 할 수 있습니다.

2. 계시의 문제(Matter of Revelation)

계시의 문자적인 의미는 이전에 감추어져 있던 무엇인가가 '벗겨지는 것', '드러나는 것', '밝혀지는 것'을 뜻합니다. 즉 계시는 숨겨져 있던 하나님의 진리가 인간에게 밝히 드러나는 것을 의미합니다. 감추어졌던 하나님 존재와 뜻이 인간에게 분명하게 드러나는 사건입니다. 계시는 창조주 하나님께서 피조물인 인간에게 자신을 알리시는 행위로써, 하나님을 알 수 있도록 인간에게 다가오시는 하나님의 은혜로운 자기 전달의 행위입니다.

복음주의 설교가인 찰스 스펄전(Charles H. Spurgeon)은 다음과 같이 말했습니다. "하나님을 알고자 한다면 먼저 그분의 말씀을 알아야 한다. 하나님의 능력을 인식하기 원한다면 그분이 어떻게 그분의 말씀에 따라서 역사하시는지를 보아야 한다. 하나님의 뜻이 성취되는 것도 마찬가지로, 오직 그분의 말씀 안에서만 발견할 수 있다."

기독교 신학은 계시를 크게 '일반계시'와 '특별계시'로 구분합니다.

① 일반계시(General Revelation)

기독교 신학은 하나님의 계시가 자연이나 역사나 인간 공동체를 매개로 하여 어느 정도 나타난다고 말합니다. 나아가서 기독교 신학은 인간의 제도나 문명이나 질서나 예술이나 학문 등에도 하나님의 계시가 반영되어 있다고 말합니다. 이처럼 하나님께서 자연과 인간의 삶 전반을 통해서 드러내시는 계시를 '일반계시'(一般啓示) 또는 '자연계시'(自然啓示)라고 부릅니다.

하지만 기독교 신학은 이러한 일반계시는 구원을 얻는데 필요한 하나님에 관한 지식을 얻기에는 불충분하다고 말합니다. 일반계시를 통해서는 자연인으로서의 인간이 하나님에 대한 불충분한 지식만을 얻을 수 있을 뿐, 구원에 이르는 지식은 얻을 수 없다고 가르칩니다. 이것을 바울은 로마서 1장에서 다음과 같이 기록합니다.

[로마서 1:20]
"창세로부터 그의 보이지 아니하는 것들
곧 그(하나님)의 영원하신 능력과 신성이
그가 만드신 만물에 분명히 보여 알려졌나니
그러므로 그들이 핑계하지 못할지니라"

바울은 "그의 영원하신 능력과 신성이 그가 만드신 만물에 분명히 보여 알려졌다"고 선언합니다. 하나님께서 만드신 만물의 범주에 자연과 역사와 제도와 문명과 질서와 예술과 학문과 과학과 종교('건강한 문화를 만들어 내는 고등종교')가 포함됩니다. 이러한 것들은 모두 하나님의 일반계시에 속하는 것들입니다. 신자는 일반계시에 속하는 이러한 것들을 존중할 수 있어야 합니다. 하지만 이것만으로는 구원에 이를 수 없습니다. 구원을 위해서는 특별계시에 속하는 성경과 예수 그리스도가 필요합니다.

② 특별계시(Special Revelation)

특별계시에서 '특별'이라는 단어는 '완전'이라는 단어에 상응합니다. 완전한 계시는 예수 그리스도로서, 성경이 예수 그리스도에 대해서 증언을 하고 있기 때문에(요 5:39, 46), 기독교 신학은 성경을 가리켜 가장 완전하고 확실한 계시서(啓示書)라고 부릅니다. 성경은 '특별계시'(特別啓示)로서, 우리의 신앙과 행위에 대해서 정확무오한 유일의 법칙이며, 가장 정확한 표준이고 기준입니다. 인간은 일반계시로는 다 알 수 없는 하나님의 뜻과 구원의 섭리 그리고 구원의 역사와 종말을 특별계시인 성경을 통해서 깨달아 알 수 있습니다.

성경은 하나님을 인식할 수 있는 완전하고 유일한 '특별계시'입니다. 이런 맥락에서 성경을 '인식론적 특별계시'라 칭할 수 있습니다. 예수 그리스도도 하나님의 특별계시입니다. 예수님은 하나님의 말씀을 찾고 듣고 받아들이는 자들에게 나타나신 구원자 하나님이십니다. 이런 맥락에서 예수님을 '존재론적 특별계시'라 칭할 수 있습니다. 독일의 철학자 임마누엘 칸트(Immanuel Kant)는 성경을 가리켜 다음과 같이 말했습니다. "성경은 마르지 않는 진리의 샘물이다. 성경이 있다는 것 자체가 인류가 경험한 여러 축복 가운데서 가장 위대한 축복이다.”

ⓐ 특별계시인 성경이 중요한 이유가 무엇인가?(Important Reason)

첫째, 특별계시인 성경을 통해서만 인간이 하나님에 대한 온전한 지식을 얻을 수 있기 때문입니다. 둘째, 우리 인간이 특별계시인 성경 속에서 우리보다 높은 하나님의 뜻과 생각과 길을 찾을 수 있기 때문입니다.

[이사야 55:8-9]
“8 이는 내 생각이 너희의 생각과 다르며
내 길은 너희의 길과 다름이니라 여호와의 말씀이니라
9 이는 하늘이 땅보다 높음 같이 내 길은 너희의 길보다 높으며
내 생각은 너희의 생각보다 높음이니라”

ⓑ 특별계시인 성경은 어떤 특성을 갖는가?(Characteristics of the Bible)

첫째, 인격적인 대상을 요구하는 ‘관계적인 특성’을 갖습니다(요 10:27).

[요한복음 10:27]
“내 양은 내 음성을 들으며
나는 그들을 알며 그들은 나를 따르느니라”

둘째, 선택적이고 ‘제한적인 특성’을 갖습니다(마 11:27).

[마태복음 11:27]
“내 아버지께서 모든 것을 내게 주셨으니
아버지 외에는 아들을 아는 자가 없고
아들과 또 아들의 소원대로 계시를 받는 자 외에는
아버지를 아는 자가 없느니라”

셋째, '목적성의 특성'을 갖습니다(딤후 3:16-17).

[디모데후서 3:16-17]
"16 모든 성경은 하나님의 감동으로 된 것으로
교훈과 책망과 바르게 함과 의로 교육하기에 유익하니
17 이는 하나님의 사람으로 온전하게 하며
모든 선한 일을 행할 능력을 갖추게 하려 함이라"

넷째, '점진적인 특성'을 갖습니다(히 1:1-2하).

[히브리서 1:1-2하]
"1 옛적에 선지자들을 통하여 여러 부분과 여러 모양으로
우리 조상들에게 말씀하신 하나님이
2 이 모든 날 마지막에는 아들을 통하여 우리에게 말씀하셨으니…"

다섯째, '살아서 움직이는 특성'을 갖습니다(히 4:12).

[히브리서 4:12]
"하나님의 말씀은 살아 있고 활력이 있어
좌우에 날선 어떤 검보다도 예리하여
혼과 영과 및 관절과 골수를 찔러 쪼개기까지 하며
또 마음의 생각과 뜻을 판단하나니"

함께 나누어요 ❻

완전하신 하나님께서 부족한 인간에게 성경과 예수 그리스도를 통해서 당신의 사랑과 뜻을 알려주셨습니다. 이 사실이 어떤 느낌으로 다가오나요?

① 나 같은 사람도 하나님의 사랑 안에 있다는 사실이 감격스럽다.

② 세상 속에서 내 삶의 방향성이 분명해진 것 같아서 든든하다.

③ 하나님을 더 깊이 알고 싶다는 갈망이 생긴다.

④ 하나님의 사랑을 다른 사람에게도 전하고 싶은 마음이 든다.

지금까지 "성경 이야기"라는 주제로 성경 공부를 하였습니다. 성경 공부를 통해서 깨달은 점이나 마음에 남은 은혜나 새롭게 얻은 통찰을 간단하게 적어 보시기 바랍니다. 이 기록이 앞으로 하나님과 함께 걸어갈 믿음의 여정을 새롭게 준비하는 소중한 흔적이 될 것입니다.

예시

성경이 살아 계신 하나님의 말씀이라는 사실이 마음 깊이 다가왔습니다. 특별계시로 주어진 성경과 예수 그리스도를 통해서 하나님께서 구체적으로 우리에게 말씀하시고 인도하시는지를 깨닫게 되어서 감사했습니다. 앞으로 말씀을 더욱 가까이하면서, 말씀 안에서 하나님의 뜻을 발견하고 실천하는 삶을 살고 싶습니다.

성경 공부를 통해서 얻은 통찰 메모하기

성경
이야기

2과. 성경 이야기(2)

2과. 성경 이야기(2)

성경을 누가 썼는가? 이 물음에 대해서 장로교 신학은 성경을 하나님께서 기록하게 하셨다고 가르칩니다. 하나님은 40여 명의 기자들을 통해서 1,600년 동안 성경을 기록하게 하셨습니다. 성경을 기록한 사람들은 살았던 시대도 다르고 문화도 다르고 직업도 달랐지만, 하나님께서 그들에게 영감을 주셔서 성경을 기록하게 하셨습니다. 따라서 성경의 원저자는 성령 하나님이십니다.

하나님께서는 인간 기자들의 지성과 개성 그리고 그들이 처했던 역사적 배경을 '존중하시면서도 오류 없이' 하나님의 뜻을 온전히 기록하게 하셨습니다. 따라서 성경은 하나님의 말씀으로서 절대 권위를 가지며, 동시에 다양한 인간 저자들의 문체와 관점을 그 안에 함께 가지고 있는 책입니다('유기적 영감설'). 성경 66권이 약 1,600년에 걸쳐서 40여 명의 서로 다른 인간 기자들에 의해서 기록되었지만, 그 안에 흐르는 놀라운 통일성과 일관성은 성령께서 모든 과정을 주관하셨기 때문입니다. 장로교는 이 같은 성경관을 바탕으로 신자의 모든 신앙과 삶의 기준을 '오직 성경'(Sola Scriptura)에 둡니다. 성경은 단순히 과거에 누군가에 의해서 기록된 책이 아니라, 오늘 우리에게도 살아 움직이며 말씀하시는 하나님의 음성입니다. 신자는 성경을 통해서 하나님을 알고, 자신의 삶을 교정하며, 구원의 길을 확신하게 됩니다.

1. 영감의 문제(Matter of Inspiration)

영감(靈感)은 '성경이 어떻게 기록되었는가'를 묻는 신학적 주제입니다. 기독교 신학은 성경을 하나님의 영감으로 기록된 책이라고 부릅니다. 영감은 '하나님'이라는 단어와 '호흡을 불어 넣다'라는 단어의 합성어로, '하나님께서 호흡을 불어 넣으셨다'는 뜻입니다. 즉 영감이란 성령께서 인간 기자들의 마음과 생각을 감동시키셔서, 그들이 하나님의 뜻을 바르게 깨닫고 기록하도록 이끄신 것을 의미합니다. 이 점에 있어서 성경은 '인간적인 요소'와 '신적 요소'를 함께 지닌다고 봐야 합니다. 성경이 인간적 요소를 지닌다는 것은 성부 하나님께서 성령 하나님을 통해서 성서 기자가 살았던 시대적, 문화적 배경과 같은 인간적 요소를 자신의 계획과 섭리를 이루시기 위해서 사용하셨음을 의미합니다. 그리고 성경이 신적 요소를 지닌다는 것은 그 권위가 어떤 사람이나 교회의 증언에 의존하는 것이 아니라, 진리 자체이시며 성경의 참된 저자 되시는 하나님께 달려있음을 의미합니다. 신자가 성경의 신적 권위를 확신하게 되는 것은 성령께서 말씀을 읽는 중에 우리의 마음 속에 그 진리를 밝히 깨닫게 하시기 때문입니다.

① 축자 영감설(Verbal Inspiration Theory)

축자 영감설은 성경의 각 단어들이 성령에 의해서 직접적으로 영감을 받았음을 주장하는 이론입니다. 이 입장은 성경의 원문이 하나님의 말씀 그대로라는 것을 강조합니다. 성경의 모든 단어와 구절이 하나님의 의도에 따라서 정확히 쓰여졌다고 말합니다. 이런 점에서 축자 영감설은 성경의 무오성과 권위를 확고히 하는 장점을 갖습니다. 또한 성경 원문의 모든 단어들이 하나님의 의도에 따라서 정확히 기록되었다고 보기 때문에 성서해석의 일관성을 유지할 수 있는 것도 축자 영감설의 장점입니다.

그러나 축자 영감설은 성경이 내포하는 문학적 장르나 역사적 맥락을 충분히 고려하지 못하기 때문에 지나치게 문자적인 해석으로 흘러가는 위험성을 갖습니다. 성경의 비유적인 표현이나 시적인 표현을 본래의 의도와 다르게 오독할 가능성이 있습니다. 따라서 축자 영감설을 적용할 때는 성경의 권위를 존중하면서, 동시에 본문의 장르와 역사적 상황 등을 균형 있게 고려하는 자세를 가져야 합니다.

함께 나누어요 ❷

축자 영감설이 강조하는 핵심은 무엇인가요?
① 성경은 인간 기자의 사상만 반영된 문서이다.
② 성경의 각 단어들은 성령에 의해서 직접적으로 영감을 받았다.
③ 성경은 신화와 전통이 섞여 있는 불완전한 문헌이다.
④ 성경은 단순히 종교적 체험을 기록한 산물이다.

함께 나누어요 ❸

신앙인들은 성경의 권위를 존중하면서도 본문의 다양성을 균형 있게 받아들여야 합니다. 성경을 읽을 때 이 균형을 잃어버리면 어떤 문제가 생길까요?
① 본문의 의미를 지나치게 문자적으로만 해석하면서 오해할 수 있다.

② 기계적 영감설(Mechanical Inspiration Theory)

기계적 영감설은 성서 기자들이 성령의 강력한 통제 아래서 성경을 썼다고 보는 이론입니다. 성경을 기록함에 있어서 인간 기자는 단지 '도구'로만 쓰임 받았을 뿐입니다. 이 입장은 기자들이 성경을 기록할 때 자신의 의지나 생각을 배제한 채 하나님이 말씀하시는 것만을 직접 받아서 기계적으로 기록하는 역할만 했다고 봅니다. 기계적 영감설은 하나님의 주권적인 통제를 강조하기 때문에 인간 기자들의 개인적인 오류 가능성을 원천적으로 차단합니다. 이로 인해 성경 전체의 무오성과 일관성을 보장합니다. 또한 성경을 하나님의 직접적인 음성이 기록된 것으로 이해하기 때문에 성경의 권위를 높이는 장점도 가지고 있습니다.

그러나 이 입장은 인간 기자들의 문화적이고 언어적인 배경과 개인적 스타일을 배제하기 때문에 본문이 가지고 있는 인간적인 풍성함이 사라지는 문제를 낳습니다. 또한 성경을 하나의 기계적인 기록물로만 바라보게 함으로써, 역사적 정황을 간과하게 만드는 위험성도 가지고 있습니다. 따라서 기계적 영감설을 적용할 때는 성령의 절대 주권을 인정하면서, 동시에 성서 기자의 인간적인 요소를 균형 있게 살펴보려는 노력이 필요합니다.

함께 나누어요 ❹

기계적 영감설을 받아들이면서도 성경 기자들의 인격적 개성을 존중하기 위해서 우리가 어떤 노력을 해야 할까요?

① 성경 각 권의 문체와 표현 방식을 유심히 살펴본다.

② 기자가 살았던 시대와 문화적 배경을 함께 연구한다.

③ 동일한 사건을 기록한 다른 성경의 내용을 비교해 본다.

④ 성경이 성령의 주권과 인간 기자의 역할이 함께 어우러진 결과임을 기억한다.

③ 역동적 영감설(Dynamic Inspiration Theory)

역동적 영감설은 성령께서 성서 기자들에게 주신 영감을 그 사람들의 영적 직관과 영적 통찰의 산물로 보는 입장입니다. 이 입장은 영감을 주신 성령을 부인합니다. 단지 성서 기자들의 직관과 통찰만을 강조합니다. 역동적 영감설은 성경의 기록을 성령의 역사로 보기보다, 인간 기자들의 종교적 체험과 사상적 통찰이 만들어 낸 결과로 이해합니다. 이 입장은 인간 기자의 배경과 문화와 개인적 체험이 성경 본문에 자연스럽게 반영이 되므로, 오늘날 독자들이 보다 친근하고 현실감 있게 말씀을 이해하도록 도와줍니다.

그러나 역동적 영감설은 성령의 직접적인 개입을 부정함으로써, 성경의 신적 권위와 무오성을 약화시킬 위험성을 갖습니다. 인간 기자의 주관적인 판단에 지나치게 의존하게 되면, 성경이 담고 있는 진리의 절대성을 확보하기가 어려워집니다. 따라서 교리적인 혼란이 발생할 여지를 갖습니다. 그러므로 역동적 영감설을 다룰 때는 성서 기자의 인간적인 요소를 인정하되, 성령의 역사와 성경의 권위를 함께 고려하는 균형 잡힌 관점을 가져야 합니다.

함께 나누어요 ❺

성경을 묵상하고 해석하는 중에 나의 경험과 생각이 지나치게 개입되었다고 느꼈을 때 어떻게 균형을 유지하나요?

① 말씀의 전체 문맥과 성경 전체의 가르침을 다시 살펴본다.

② 신뢰할 수 있는 주석이나 성경 교사의 해석을 참고한다.

④ 유기적 영감설(Organic Inspiration Theory)

유기적 영감설은 성경이 하나님의 영감에 의해서 쓰여진 것을 강조합니다. 동시에 이 입장은 성경 기록 시 각 기자들의 인격과 문체와 배경과 경험과 같은 것들도 함께 작용했다고 봅니다. 이 입장은 하나님이 성경 각 기자들의 자유의지를 존중하면서도, 성령을 통해서 오류 없이 하나님의 말씀을 전달하도록 했다고 봅니다. 유기적 영감설은 하나님의 영감과 인간 기자의 개성이 조화롭게 결합되어서, 성경이 가지고 있는 신적 권위와 인간적인 생동감을 동시에 받아들이도록 합니다. 이 입장은 기자들의 문체와 문화적 배경이 본문에 자연스럽게 반영되어 있다고 보기 때문에 다양한 독자층이 말씀에 쉽게 공감할 수 있게끔 도와줍니다. 또한 성령께서 성서 기자의 자유의지를 존중하시면서도 오류 없이 진리를 전달하셨다는 점에서, 성경의 무오성과 인간적 다양성을 모두 수용하는 균형 잡힌 이론입니다.

그러나 성서 기자의 경험과 관점이 본문에 개입됨으로써, 성서해석 시 주관적인 요소가 과도하게 강조되는 문제가 생겨날 수 있습니다. 일부 학자들은 유기적 영감설이 '하나님이 주신 진리'와 '인간의 해석' 사이의 경계를 모호하게 만들 수 있음을 지적합니다. 따라서 유기적 영감설을 적용할 때는 성령의 조명을 인정하면서도, 본문을 해석할 때 객관적인 기준과 교회의 전통을 함께 고려하는 신중함이 필요합니다.

함께 나누어요 ❻

축자 영감설과 기계적 영감설과 역동적 영감설과 유기적 영감설 중에서, 나의 입장은 어디에 가까운가요?

여러 영감설을 배운 후에 영감에 관한 나의 입장이 어떻게 바뀌었나요?
　① 성경의 권위와 무오성에 대한 확신이 더 깊어졌다.
　② 성경 기자들의 인간적 요소와 다양성을 더 잘 이해하게 되었다.
　③ 성경 속에 성령의 역사와 인간 기자의 역할이 균형 있게 어우러져
　　있음을 깨달았다.
　④ 이전보다 성경 해석과 적용에 더 신중해졌다.

2. 정경의 문제(Matter of Canon)

① 정경의 의미(Meaning of Canon)

정경(正經)은 공인된 성경 66권 자체를 가리킵니다. 즉 정경은 '교회들이 성경으로 인정한 권위 있는 책들의 모음집'을 가리킵니다. 정경은 교회들이 오랜 토론과 검증 과정을 거쳐서 영감된 책이라고 공식적으로 인정한 문서들입니다. 이 과정에서 교회들은 사도들의 가르침과 예언적 권위를 기준 삼아서 영감의 진위를 분별했습니다. 정경에 포함된 66권의 책들은 신자의 신앙과 삶에 최종적인 권위로 받아들여졌고, 교리 형성의 기초가 되었습니다. 반면 외경이나 위경으로 분류된 문서는 역사적, 신학적 기준을 충족하지 못했기에 정경에 포함되지 못했습니다. 오늘날 신자들은 정경에 하나님의 계시가 온전하게 드러났음을 확신하면서, 말씀의 권위를 인정해야 합니다. 정경의 의미를 이해하는 것은 성경 전체를 건강하게 해석하고 적용하는 데 있어서 필수적인 토대가 됩니다. 정경에 대한 바른 이해는 성경을 자의적으로 해석하거나 왜곡하는 것을 막아주는 울타리가 됩니다. 따라서 신자는 정경의 형성과 권위에 대한 신학적 토대를 바르게 알고, 그 위에 신앙과 삶을 세워야 합니다.

② 성경의 정경화 작업(Canonization)

구약성경의 정경화 작업은 주후 1세기 말 얌니아 공의회(The Council of Jamnia)에서 랍비들의 토론을 통해서 점진적으로 이루어졌습니다. 유대교 스승들인 랍비들이 구약의 정경화 작업을 주도했습니다. 유대 전쟁(기원후 66-73년)으로 인해서 유대인들이 고국을 떠나게 여기저기 흩어져 지내는 상황에서, 유대교는 자신들의 정체성을 확립할 필요성을 느꼈습니다. 자신들의 민족적이고 종교적인 정체성 확립을 위해서 유대교는 '정경화 작업'을 서두릅니다. 산발적으로 여기저기 흩어진 구약 성경책들을 모았고, 그렇게 모은 성경들을 몇 가지의 기준을 가지고 정경화 작업을 완성시켰습니다. 구약성경의 정경화 작업을 통해서 유대교는 성전 제사를 중시하는 종교에서 책을 중시하는 문서의 종교로 전환이 됩니다.

신약성경의 정경화 작업은 주후 420년경에 카르타고 공의회(The Council of Carthage)에서 이루어졌습니다. 4세기 중후반 경에 기독교 이단의 문제와 종말론의 문제에 대처하기 위해서, 그리고 기독교의 정체성을 확립하기 위해서 당시의 전체 교회에서 신약성경 책들의 권위와 경전을 확정하려는 논의가 활발하게 이루어졌습니다. 알렉산드리아의 아타나시우스(Athanasius of Alexandria)가 주후 367년에 처음으로 신약성경 27권의 목록을 제시하였고, 이것을 교회들이 몇 차례의 회의를 통해서 세밀하게 검증합니다. 철저한 검증을 거친 후에 419년 카르타고 공의회에 217명의 주교들이 모여서 이전에 논의된 모든 공의회의 결의를 몇 개의 기준을 가지고 낭독하고 검토하며 재확인하는 절차를 거쳤습니다. 그 기준은 다음과 같습니다. "첫째 그 책이 영감을 받은 책이어야 한다. 둘째 성경을 쓴 사람이 공식적으로 인정을 받은 선지자이거나 예수 그리스도의 사도들이어야 한다. 셋째 성경의 내용이 다른 성경들과 서로 조화를 이루어야 한다."

이렇게 해서 오늘날과 같은 형태(27권의 신약성경)의 신약성경 정경이 확정되었습니다. 교부 어거스틴(Augustine)을 비롯한 여러 교부들은 이 공의회의 결정을 '교회들의 전통적인 판단'이자, '성령의 인도하심의 결과'로 여겼습니다. 결론적으로 다음과 같이 말할 수 있습니다. "정경화 작업은 성령의 영감의 결과로 이루어졌다. 교회('기독교 공의회')가 정경을 창출한 것이 아

니다. 교회는 단지 정경화 작업을 위해서 하나님께 쓰임 받은 도구이다. 정
경화 작업을 통해서 만들어진 구약성경과 신약성경은 신자들의 신앙생활의
시금석이 된다. 하나님은 '계시를 통해서' 당신의 진리를 드러내셨다. '영감
을 통해서' 진리의 말씀을 기록하셨다. '정경화 작업을 통해서' 진리의 말씀
을 확정하셨다."

교회의 공의회에서 행한 정경화 작업은 기독교가 '보편종교'가 되는 데 있
어서 큰 역할을 감당했습니다. 어떠한 역할을 했을까요?

① 전체 교회가 동일한 성경을 사용함으로써 신앙과 교리의 통일성을
유지했다.

② 이단과 잘못된 가르침을 분별할 수 있는 기준을 제공했다.

③ 성경해석과 적용에 있어서 공통된 토대를 마련했다.

④ 세대와 지역을 넘어서 신앙 공동체를 하나로 연결해 주었다.

지금까지 "성경 이야기"라는 주제로 성경 공부를 하였습니다. 성경 공부를 통해서 깨달은 점이나 마음에 남은 은혜나 새롭게 얻은 통찰을 간단하게 적어 보시기 바랍니다. 이 기록은 앞으로 하나님과 함께 걸어갈 믿음의 여정을 준비하는 소중한 흔적이 될 것입니다.

예시

성경이 하나님의 영감으로 기록된 책이며, 그 형성과 내용이 모두 성령의 주권적 인도하심 속에 있음을 깨달았습니다. 성경의 신적 권위와 인간 기자의 개성이 조화롭게 어우러졌다는 사실이 매우 인상 깊었습니다. 앞으로 성경을 더욱 경외심 있게 대하면서, 하나님이 말씀을 나의 삶의 지침서로 삼겠습니다.

성경 공부 시리즈 믿음의 나무 3

성경 이야기

3과. 성경 이야기(3)

3과. 성경 이야기(3)

1. 성령의 조명이 성경 해석에 미치는 영향을 이해토록 한다.
2. 하나님의 깊은 뜻을 통달하게 하시는 성령의 사역을 알게 한다.
3. 바른 성경 해석을 위한 해석 규칙을 익히도록 한다.
4. 왜곡된 성경 해석을 분별하고 이단의 가르침을 경계하는 태도를 익힌다.

신앙인들이 성경을 읽을 때 성령께서 우리의 마음과 생각을 열어주셔서 말씀의 의미를 깨닫게 하십니다. 기독교 신학은 이러한 성령의 사역을 '조명'(照明, illumination)이라고 칭했습니다. 이 성령의 조명이 참된 성서해석으로 나아가는 첫걸음이 됩니다. 성령께서는 성경 본문의 배경과 원저자의 의도를 깨닫게 하셔서, 신자로 하여금 올바르게 성서를 해석하도록 하면서 진리의 깊이를 경험하게끔 이끄십니다. 따라서 신자에게 성서해석은 단순하게 지식을 쌓는 개념이 아니라, 성령의 인도하심 속에서 말씀을 삶으로 적용해 나가는 여정입니다.

이번 주제에서는 성령의 조명하심이 어떻게 우리의 마음 문을 열고, 말씀 속에 담겨진 보석 같은 진리를 드러내는지를 살펴보겠습니다. 성령께서는 신자에게 학문적인 접근을 통해서는 얻기 어려운 영적 통찰을 부어 주시는 분입니다. 그러므로 성경을 읽고 해석하는 모든 과정에서 겸손히 기도하면서 성령님의 인도를 구하는 자세가 무엇보다 중요합니다. 성경 본문을 깊이 묵상하면서 성령의 음성에 귀를 기울이는 훈련을 해 보시기 바랍니다. 이 훈련이 여러분의 삶의 자리에서 성경이 실제로 살아서 움직이고 역사하도록 이끌어 줄 것입니다.

1. 성령의 조명의 문제(Illumination of the Holy Spirit)

조명은 성경 속의 진리를 모든 시대 사람들에게 깨닫게 하시는 성령의 특별한 사역을 의미합니다. 조명은 '빛을 비춰준다. 환히 밝혀 준다'는 의미로서, 성령께서 믿음의 사람들에게 하나님의 말씀을 이해하고 경험하며 삶에 적용할 수 있도록 도와주는 것을 가리킵니다. 성경 속의 하나님의 계시는 인간의 이성이나 합리성으로 깨달아지는 것이 아니라, 믿음의 귀와 눈을 가져야만 깨달아집니다. 복음주의 신학은 성령께서 조명해 주심으로써 신자의 믿음의 귀와 눈이 열릴 때 성경 속에 있는 계시가 깨달아진다고 가르칩니다. 우리가 성경의 메시지들을 읽고 이해하고 그것들을 우리의 마음에 수용하고 받아들일 수 있는 것은 성령이 안으로부터 우리의 눈과 귀를 열어주심으로써만 가능한 일입니다.

① 성령의 내적 조명(Inner Illumination of the Holy Spirit)

조명은 이해('깨달음')의 문제입니다. 우리가 성경 말씀을 읽고 이해한다고 할 때, 기록된 성경 말씀을 누가 이해하고 깨닫게 만드는 것일까요? 이 일은 성령 하나님께서 하시는 일입니다.

[요한일서 2:27]
"너희는 주께 받은 바 기름 부음이 너희 안에 거하나니
아무도 너희를 가르칠 필요가 없고
오직 그의 기름 부음이 모든 것을 너희에게 가르치며
또 참되고 거짓이 없으니
너희를 가르치신 그대로 주 안에 거하라"

사도 요한이 "주께 받은 바 기름 부음이 너희 안에 거한다"고 하면서, "그의 기름 부음이 모든 것을 가르친다"고 선언합니다. '기름 부음'은 성령의 내적 조명을 가리킵니다. 기름 부음이 있을 때, 즉 성령의 내적 조명이 있을 때 신자는 하나님 말씀의 의미를 이해하고 깨닫게 됩니다. 성령의 내적 조명은 단순한 정보 전달이 아니라, 말씀을 마음 깊이 새기면서 삶 가운데 적용하게

만드는 능력입니다. 성령의 내적 조명을 통해서 신자는 본문 속 은혜의 메시지를 꿰뚫어 보며, 나의 실생활에 맞는 실질적인 통찰을 끄집어냅니다. 나아가서 성령께서는 신자로 하여금 진리와 오류를 분별하게 하셔서, 말씀에 대한 왜곡이나 오해를 벗겨내십니다. 성령의 내적 조명은 순간순간마다 말씀 묵상과 기도 가운데 지속적으로 작용을 합니다. 신자는 성경을 읽을 때 먼저 기도의 자리로 나아가서 성령의 조명의 은총을 청함으로써, 말씀 가운데 하나님의 깊은 뜻을 깨달아 알 수 있습니다.

복음주의 신학자 제임스 패커는 이것을 삼위일체적으로 다음과 같이 말했습니다. "성부 하나님은 '성경을 주시는 분'이다. 성자 예수님은 '성경의 주된 내용'이 되신다. 성령 하나님은 '성경의 해석자'가 되신다."

설교를 들을 때나 성경 공부 중에 성령께서 나에게 특별한 통찰을 주셨다고 느꼈던 순간이 있었나요?

① 말씀 한 구절이 내 상황과 정확히 맞아서 마음이 뜨거워졌다.

② 오래 이해하지 못했던 말씀이 갑자기 선명하게 다가왔다.

③ 삶의 방향을 바꾸게 하는 결단이 마음속에 생겼다.

④ 다른 사람을 위로하거나 돕고 싶은 마음이 강하게 생겨났다.

② 하나님의 깊은 것을 통달하시는 성령(Profound Understanding)

성령은 신자에게 성경 안에 내포된 하나님의 깊은 뜻을 보여주시는 분입니다(고전 2:9-10).

[고린도전서 2:9-10]
"9 기록된 바 하나님이 자기를 사랑하는 자들을 위하여 예비하신 모든 것은 눈으로 보지 못하고 귀로 듣지 못하고

사람의 마음으로 생각하지도 못하였다 함과 같으니라
10 오직 하나님이 성령으로 이것을 우리에게 보이셨으니
성령은 모든 것 곧 하나님의 깊은 것까지도 통달하시느니라"

"성령은 모든 것 곧 하나님의 깊은 것까지도 통달하신다." 통달(通達)의 한자는 '통할 통'(通)에 '통달할 달'(達)입니다. '성령께서 성부 하나님의 뜻을 막힘없이 익히 알고 계신다'는 뜻입니다. 성령은 하나님의 뜻을 자신만 알고 있는 것이 아니라, 신자에게도 그 뜻을 보여주시고 밝히 깨달아 알도록 해 주십니다. 성경 본문을 우리의 마음과 상황에 맞게 비추셔서, 그 말씀이 단순한 지식에 머무르지 않고 실제적인 삶의 자리로 연결되도록 이끄십니다.

그분의 조명 아래서 우리는 성경을 읽는 중에 하나님의 성품과 계획을 단편적으로 이해하지 않고, 종합적으로 깨달아 알 수 있습니다. 또한 성령의 인도하심에 따라서 말씀을 묵상할 때, 과거에 이해하지 못했던 구절들이 새로운 깨달음으로 다가올 때도 있습니다. 이처럼 성령은 당신의 깊은 진리로 필요하고 적절한 부분을 선별하셔서, 신자로 하여금 순종과 순례의 길을 걸어가도록 이끄시는 분이십니다.

함께 나누어요 ❷

성경을 읽던 중에 전에 이해되지 않았던 구절이 성령의 통달을 통해서 갑자기 명확해졌던 경험이 있습니까?

① 마음속의 궁금증이 풀리면서 큰 기쁨과 평안이 찾아왔다.
② 그 말씀을 지금의 상황에 적용할 용기가 생겼다.
③ 말씀을 읽던 중에 하나님의 성품과 뜻을 더 깊이 알게 되었다.
④ 다른 사람과 그 말씀을 나누고 싶은 마음이 생겼다.

③ 영적인 것을 분별하도록 말씀을 풀어주시는 성령(to Discern)

[고린도전서 2:13]
"우리가 이것을 말하거니와 사람의 지혜가 가르친 말로 아니하고
오직 성령께서 가르치신 것으로 하니
영적인 일은 영적인 것으로 분별하느니라"

성령은 신자에게 영적인 것을 분별하도록 말씀을 풀어주시는 분입니다. 성령께서는 말씀의 깊은 의미를 드러내시면서, 우리가 세상의 가치관으로 이해할 수 없는 영적 진리를 분별하게 하십니다. 이 분별의 은사는 우리의 마음이 성령의 인도하심에 활짝 열릴 때 비로소 습득되는 은사입니다. 성령께서 일하실 때, 우리는 인간의 노력이나 논리로 풀 수 없는 의문과 갈등 앞에서 명확한 답을 얻게 됩니다. 그분께서 우리에게 영적 현실을 깨닫게 하시고, 일상 속에서 하나님의 뜻을 분별하여 옳은 것을 선택하도록 이끄십니다.

따라서 신자가 영적 분별력을 키우기 위해서는 깊은 묵상과 기도 중에 성령의 음성에 귀를 기울이는 훈련이 필수적입니다. 또한 교회의 소그룹에서 공예배 시 선포된 말씀을 통해서 주신 은혜를 나누면서 서로의 분별을 검증하고 세워주는 과정도 중요합니다. 이 과정을 통해서 신앙인들은 영적 전쟁에서 승리하면서, 진리 안에 굳건히 서는 삶을 살게 됩니다.

함께 나누어요 ❸

영적 분별력을 키우기 위해서 무엇을 실천하고 있나요?
① 먼저 기도한 후에 성경 구절을 깊이 묵상한다.
② 조용히 기도하면서 성령님께서 마음에 주시는 평안이나 경고를 살핀다.
③ 무언가를 선택하기 전에 하나님 뜻에 비추어서 여러 각도에서
   점검한다.
④ 공동체 안에서 깨달음을 나누면서 검증을 받는다.

2. 성경 해석의 문제(Matter of Interpretation)

성경 해석이란 성경에서 하나님이 의도하신 뜻을 정확하게 찾아내는 작업을 가리킵니다. 성경 해석은 성경을 읽는 것에서 시작합니다. 나아가서 성경을 정확하게 해석하는 작업은 성경에 대한 존중심과 갈망에서 비롯됩니다. 성경을 해석할 때 전체 흐름을 파악하기 위해서 문맥과 장르를 고려하는 것이 중요합니다. 그리고 본문의 역사적·문화적 배경을 올바르게 이해할 때, 성경 기자가 전하고자 하는 메시지가 명확하게 다가옵니다. 또한 원어 연구를 통해서 단어 하나하나에 담긴 의미와 뉘앙스를 살펴보는 것도 깊이 있는 해석에 있어서 좋은 방법입니다. 문자적인 해석과 영적인 해석을 균형 있게 적용함으로써, 말씀의 깊은 진리와 실제 삶의 연결고리를 찾게 됩니다. 성경 해석은 하나님이 나에게 주신 말씀을 마음에 새기면서 삶에 반영하는 영적 여정이라 할 수 있습니다.

① 성경 해석에 있어서 몇 가지 규칙들(Some Rules)

바람직한 성경 해석에 있어서 몇 가지 규칙들이 있습니다. 첫째 '언어의 문제'입니다. 성경에 쓰인 언어('히브리어', '헬라어')의 본래적인 의미를 알아야 합니다. 성경은 본래 히브리어와 헬라어로 기록되었기에, 원어를 이해하면 한국어 번역에서 놓치기 쉬운 뉘앙스를 발견할 수 있습니다. 예를 들면 헬라어 '사랑'은 성경에서 여러 단어(ἀγάπη, φιλία, ἔρως 등)로 나뉘어서 쓰입니다. 따라서 원어에 대한 연구가 이루어져야 문맥에 따른 정확한 의미를 파악할 수 있습니다.

둘째 '문화의 문제'입니다. 성경이 쓰인 당 시대의 상황과 정치와 종교와 문화를 알아야 합니다. 성경이 쓰인 고대 근동과 지중해 지역의 정치적·사회적·종교적 배경을 바르게 파악해야, 본문이 전하는 사건과 메시지를 올바르게 해석할 수 있습니다. 예를 들어 구약의 희년 제도나 신약의 회당 예배 관습을 모르면 본문이 전하려고 하는 '해방'과 '공동체'의 의미를 파악할 수 없습니다. 당 시대의 문화에 대한 연구는 우리가 성경을 오늘날의 기준을 잣대 삼아서 해석하는 오류를 방지해 줍니다.

셋째 '비유와 상징과 은유의 문제'입니다. 성경에서 비유적으로, 상징적으로, 은유적으로 쓰인 문장의 의미를 정확하게 알아야 합니다. 성경 곳곳에 등장하는 비유와 상징과 은유적인 표현을 문자 그대로 해석할 경우 오해가 생길 수 있습니다. 예를 들어 예수님이 사용하신 씨 뿌리는 비유는 당시의 농업 지식과 더불어서 그 시대를 사는 청중들의 삶과 경험을 반영하는 비유의 말씀입니다. 따라서 비유와 상징과 은유의 의미를 파악하면서 메시지를 읽으면, 본문을 정확하게 해석하면서 영적 진리가 가슴에 명료하게 새겨집니다.

넷째 '연구의 문제'입니다. 정확한 성경 해석을 위해서는 지속적이고 부지런한 연구가 필요합니다. 정확한 성서해석을 위해서 번역본 비교와 원어 사전 활용과 주석서 연구 등, 다양한 자료를 꾸준하게 살펴야 합니다. 현대 학자들의 논문과 고전 교부들의 성경 해석을 비교하면서 참조하면, 해석의 깊이와 폭을 넓힐 수 있습니다. 또한 소그룹 토의를 통해서 내가 깨달은 내용을 검증하고 보완하는 과정도 필수적입니다. 지속적이고 부지런한 연구는 말씀과의 만남을 풍성하게 하고 해석의 정확성을 높여 줍니다.

[디모데후서 2:15]
"너는 진리의 말씀을 옳게 분별하며 부끄러울 것이 없는 일꾼으로 인정된 자로 자신을 하나님 앞에 드리기를 힘쓰라"

함께 나누어요 ❹

성경을 읽고 묵상하고 해석함에 있어서 나의 생각과 감정과 선입견을 내려놓는 것이 중요합니다. 그럴 때 하나님이 의도하신 정확하신 뜻이 무엇인지가 드러납니다. 만일 성경을 읽고 묵상하는 순간에 하나님의 뜻이 명확하게 드러나지 않을 때는 어떻게 해야 할까요?

② 교회 밖의 성경 공부 모임 금지(Prohibition)

신자는 교회 밖의 성경 공부 모임에 참여하지 않아야 합니다. 이유는 '이단'(異端, Heresy) 때문입니다. 이단들은 성경과 사도적 신앙에서 벗어나서 왜곡된 가르침을 제시하는 이들입니다. 이단들은 성경 공부 모임을 만들어서 성도들을 속이거나 그릇된 성서해석을 그럴듯하게 포장해서 성도들을 유혹합니다. 이단들은 성경을 명쾌하게 가르치기에 성도들은 여기에 현혹되기 쉽습니다. 하지만 우리는 성경이 역설을 담고 있는 책임을 알아야 합니다. 진리를 분명하게 계시하고 있으면서도, 동시에 성경 안에는 수많은 역설이 담겨 있습니다. 수많은 역설들을 여기저기서 짜깁기를 하면서 명쾌하게 풀려고 하다 보면, 그로 인해 심각한 문제들이 생겨날 수밖에 없습니다. 처음 신앙생활을 하거나 성경이 역설의 특성을 가짐을 알지 못하는 사람들은 이단들의 유혹에 넘어가기 쉽습니다.

이단들의 가르침은 매우 교묘합니다. 처음에는 친절하게 대하면서 접근한 후에 성경에 대해서 올바른 이야기로 시작합니다. 그러다가 조금씩 이상하게 가르치면서 사고의 틀을 바꿔놓고, 결국에는 자신들의 교주가 진정한 예수이며 구원자라는 잘못된 인식을 머릿속에 심어 놓습니다.

처음부터 교주가 예수라는 이야기를 듣는다면, 누구나 그들이 이단인지 아닌지를 쉽게 판단할 수 있을 것입니다. 그러나 이단들은 사람들이 세뇌를 당할 때까지 자기들이 이단이라는 것을 밝히지 않습니다. 천천히 세뇌시켜 가다가 나중에는 자기들의 교주를 절대화하는 단계까지 나아갑니다. 이러한 위험을 미연에 방지하고자 교회 밖의 성경 공부 모임에는 참여하지 않아야 합니다. 건전한 단체의 성경 공부 모임일 경우에는 반드시 교회 목사님들의 지도와 확인 후에 참여해야 합니다. 잘못된 성경 공부 모임은 신자의 올바른 성서해석을 가로막는 최대의 걸림돌입니다.

결론적으로 다음과 같이 얘기할 수 있습니다. "첫째 올바른 성경해석은 우리에게 '영적 생명력'을 제공해 준다. 둘째 올바른 성경해석은 우리에게 '영적 성장'을 가져다준다. 셋째 올바른 성경해석은 우리에게 '영적 통찰력'을 갖게 해 준다."

건강한 성경 공부 모임과 이단의 성경 공부 모임을 식별할 수 있는 기준이 무엇인가요?

① 성경을 올바른 문맥 속에서 해석하며, 본문 중심으로 공부가
   이루어지는가?

② 특정 인물의 주장을 성경보다 우선시하지는 않는가?

③ 모임의 내용이 공개적이고 누구에게나 열려 있는가?

④ 질문과 토론이 자유롭게 이루어지는가? 억압적인 분위기가 없는가?

지금까지 "성경 이야기"라는 주제로 성경 공부를 하였습니다. 성경 공부를 통해서 깨달은 점이나 마음에 남은 은혜나 새롭게 얻은 통찰을 간단하게 적어 보시기 바랍니다. 이 기록이 앞으로 하나님과 함께 걸어갈 믿음의 여정을 새롭게 준비하는 소중한 흔적이 될 것입니다.

예시

성경 공부를 통해서 성령의 조명하심 없이는 참된 성경 이해가 이루어질 수 없다는 사실을 배웠습니다. 성령께서 말씀을 조명해 주실 때 비로소 본문의 깊은 의미가 마음에 새겨지고, 삶 속에 구체적으로 적용될 수 있다는 점이 인상 깊었습니다. 앞으로 성경을 읽을 때마다 겸손히 기도하면서, 성령님의 인도하심을 구하겠습니다.

성부 하나님
이야기

4과. 성부 하나님 이야기(1)

1. 하나님 존재
   ① 하나님 존재를 설명하는 다양한

   입장들
   ② 하나님 존재에 대한 다양한 증거들
   ③ 하나님의 본성
2. 하나님께서 하신 일
   ① 천지창조
   ② 인간 창조
   ③ 구속

4과. 성부 하나님 이야기(1)

1. 하나님 존재에 대한 다양한 사상을 비교하면서 살펴본다.
2. 하나님 존재의 다양한 증거들을 살펴본다.
3. 하나님께서 지니신 다양한 본성들을 바르게 이해하도록 한다.
4. 하나님께서 행하신 창조와 구속 사역의 의미를 성경적으로 정리한다.

신앙생활을 하는 중에 수많은 도전과 시험에 부딪히는 것이 신앙인들의 현실입니다. 그럴 때 신앙인들은 단순히 감정적인 신앙체험을 넘어서, 믿음의 실질적인 결과물을 가지고 그 어려움들을 극복해 나가야 합니다. 참된 신자는 말씀 안에 뿌리를 내리면서 날마다 영적 성장을 위해서 노력하는 사람입니다. 무엇보다도 그 내면에 하나님을 올바르게 알아가는 지식을 쌓아가야 합니다. 이 지식은 단순한 정보의 축적이 아니라, 삶 속에서 하나님을 경험하면서 깊어지는 나 자신의 믿음의 내용입니다. 하나님을 온전히 아는 지식이 자라갈수록, 우리의 삶에 기쁨과 인내와 평안이 깊어집니다. 나아가서 하나님에 대한 올바른 앎 위에 든든히 세워진 믿음은 우리의 신앙 여정을 흔들림 없이 앞을 향해 나아가도록 나를 붙잡고 지탱해 줍니다. 하나님('하나님 존재'와 '하나님께서 하신 일')에 대한 올바른 앎은 우리의 신앙 여정을 든든히 이끌어주며, 삶의 여러 도전 앞에서 흔들리지 않도록 나를 이끌어가는 동력이 됩니다.

1. 하나님 존재(Existence of God)

① 하나님 존재를 설명하는 다양한 입장들(Various Perspectives)

하나님이 존재하는가? 인류 역사 속에서 인간은 끊임없이 이 물음을 던져왔습니다. 이 물음에 대해서 신학자들과 철학자들과 과학자들은 각각 자신들의 입장을 다음과 같이 밝혔습니다. 유신론과 무신론과 다신론과 범신론과 불가지론과 이신론과 유물론이 그것입니다.

ⓐ 유신론(Theism)

유신론은 신이 존재한다는 입장입니다. 유신론은 우주의 기원과 목적을 전능하신 하나님의 창조와 섭리에 두면서, 모든 피조물이 그분의 손안에 있다고 얘기합니다. 유신론은 성경을 통해서 계시된 하나님이 우리의 인식과 경험을 초월해서 존재하신다는 확신을 사람들에게 제공합니다. 따라서 유신론은 우리가 누구이며, 왜 존재하는지를 하나님의 창주 목적과 연결하여 이해하도록 만듭니다.

ⓑ 무신론(Atheism)

무신론은 신이 존재하지 않는다는 입장입니다. 신이라는 초자연적 실재를 인정하지 않습니다. 이 입장은 도덕과 의미와 가치를 인간 중심으로 정립을 하지만, 궁극적인 근원에 대해서는 답을 제공하지 못합니다. 이로 인해 무신론은 인생의 목적과 죽음 이후의 세계에 대해서도 일관된 해답을 제시할 수 없습니다. 결국 인간의 이성과 경험에만 의존하게 되면서, 초월적인 실재를 인정하지 못하는 한계를 가집니다.

ⓒ 다신론(Polytheism)

다신론은 신이 여럿 존재한다는 입장입니다. 다신론은 다양한 자연 현상들과 인간의 다양한 성취를 여러 신들의 간섭과 권능으로 이해합니다. 고대의 메소포타미아, 이집트, 그리스, 로마 등, 여러 문화권에서 다신론은 그 사회의 지배적인 가치 체제로 인정을 받았습니다. 다신론 사회에서는 각각의 신마다 영역과 권한이 나뉘어 있어서, 사람들은 자신들의 필요에 따라서 서로 다른 신에게 제사와 기도를 드렸습니다. 그러나 이러한 신 개념은 절대적이고 유일한 주권자를 인정하지 않는다는 한계를 갖습니다.

ⓓ 범신론(Pantheism)

범신론은 우주('자연')를 하나의 전체로 보고, 우주('자연')를 신으로 보는 입장입니다. 범신론은 우주와 하늘과 땅과 바람과 바다 등 모든 것들을 신으로 여기며, 전체 자연에 신성을 부여합니다. 이러한 관점은 창조주와 피조물을 구분하지 않기에, 인격체로서의 하나님 개념을 부정하게 됩니다. 이로 인해 범신론은 하나님과 피조 세계의 본질적 차이를 인정하는 유대-기독교의 세계관과 근본적으로 대립하게 됩니다. 스피노자 같은 사람이 대표적인 범신론자입니다.

ⓔ 불가지론(Agnosticism)

불가지론은 신의 존재 여부를 알 수 없다고 보는 입장입니다. 이 입장은 인간의 이성이 신과 초자연적 존재를 충분히 파악할 수 없다고 주장합니다. 따라서 우주의 기원과 궁극적 의미에 대해서 확실한 결론을 내리지 않고, 중립적이거나 회의적인 태도를 유지합니다. 이러한 태도는 신앙과 무신론 사이에서 결단을 유보하게 만듭니다. 불가지론은 진리를 탐구해 나가는 과정에서 확신에 이르지 못하고, 영원한 질문 속에 머물게 되는 한계를 가집니다.

ⓕ 이신론(Deism)

이신론은 신이 우주를 창조했으나, 창조 이후에 우주가 자연법칙 안에서만 움직인다고 보는 입장입니다. 이 입장은 신이 인간 역사에 개입하지 않는다고 봅니다. 이성을 통해서 하나님 존재를 인식할 수 있다고 여깁니다. 하지만 기적과 같은 초자연적 현상에 대해서는 신의 개입을 배제시킵니다. 이신론은 하나님을 인격적으로 알 수 있는 분이 아니라, 멀리 떨어져 있는 신으로만 제한하기에 하나님과의 관계적 신앙을 약화시킵니다. 이신론은

17~18세기 계몽주의 시대에 데카르트나 볼테르 같은 사상가들 사이에서 널리 수용되었습니다. 이성적인 종교주의자들도 이신론자에 속합니다.

⑨ 유물론(Materialism)

유물론은 물질만을 모든 실재의 기초로 보면서, 물질이 아닌 하나님은 존재할 수 없다는 입장입니다. 이 입장은 인간의 사고와 감정도 물질적 뇌의 작용에 불과하다고 보면서, 영혼이나 영적 세계의 실재를 인정하지 않습니다. 이로 인해 유물론은 도덕과 가치의 절대적 근거를 상실하게 되면서, 인간 존재를 단순한 물리-화학적 현상으로 축소시킵니다. 유물론은 삶의 의미와 목적을 생물학적 생존이나 물질적 성취에만 국한시키는 한계를 지닙니다. 기본적으로 유물론은 무신론과 맥을 같이합니다.

함께 나누어요 ❶

하나님 존재에 대한 여러 입장 중에서 나는 어디에 가까운가요?

함께 나누어요 ❷

여러 가지 하나님 존재에 대한 입장을 들었을 때, 어떤 생각이 들어가나요?
① 유신론의 주장처럼 하나님이 전능한 창조주이시라는 확신이 더 강해졌다.
② 불가지론의 주장처럼 '확실히 알 수 없다'는 태도가 왜 매력적으로 보이는지 이해가 된다.
③ 다신론-범신론과 같은 사고가 성경의 하나님과 어떻게 다른지를 알게 되었다.
④ 이신론과 유물론이 갖는 한계를 보면서, 복음의 필요성을 다시금 마음에 새겼다.

② 하나님 존재에 대한 다양한 증거들(Various Evidences)

ⓐ 우주 창조를 통한 증거(Creation of the Universe)

우주는 무(無)에서 생성된 후에 복잡하고 질서 있는 구조로 확장되어 갔습니다. 이것을 우연만으로는 설명하기 어렵습니다. 우주의 수많은 별들과 여러 은하들의 광대함과 정밀한 법칙성은 우주가 단순한 자연 현상이 아니라 창조주의 의도적인 계획 속에서 만들어지고 운행됨을 가리킵니다. 이것이 창조주가 세심하게 우주를 설계했음을 보여주는 강력한 단서가 됩니다. 이러한 입장은 피조물 세계의 아름다움과 조화가 창조주의 선하신 본성을 반영한다고 봅니다. 우주 안에 우주를 만드신 하나님의 존재와 성품이 들어가 있다고 봅니다. 우주는 우연히 존재하게 된 것이 아니라 하나님의 만드심과 섭리와 목적 속에 존재합니다. 인간은 우주의 질서와 아름다움을 바라볼 때마다 보이지 않는 하나님의 손길과 그분의 살아계심을 깨달아야 합니다.

ⓑ 인간의 본질을 통한 증거(Human Nature)

인간은 도덕적 판단 능력을 통해서 선과 악을 구별합니다. 이러한 인간의 판단 능력은 '선과 악에 대한 절대적 기준'(하나님)이 있음을 상정합니다. 인간의 양심(conscience)도 마찬가지입니다. 양심도 인간 본유의 것이 아니라, 도덕 법칙의 제정자이신 하나님께 기원을 둡니다. 자유의지(free will)도 마찬가지입니다. 자유의지를 지닌 인간은 자신의 선택에 책임을 지는 존재인데, 인간의 자유의지도 인간에게 책임과 목적과 도덕적 권위를 부여하신 하나님을 필요로 합니다. 인간의 자유의지는 초월적 지성과 계획을 지닌 창조주의 존재가 전제되어야 합니다.

인간의 이성(reason)과 논리적 사고(logical thinking)도 우연히 형성되기 어려운 특성입니다. 인간의 본질에 속하는 도덕성과 양심과 자유의지와 이성 등은 단순한 진화의 산물이 아니라, 인간이 창조주의 형상대로 지음을 받았다는 증거입니다. 이처럼 인간의 본질 그 자체가 하나님의 존재를 가리키는 가장 분명한 표지라 할 수 있습니다.

ⓒ 인간의 개인적 경험을 통한 증거(Personal Experience)

인간이 기도 중에 구체적인 응답을 받았을 때, 이것은 하나님이 단순한 관념이 아니라 살아 역사하시는 분임을 깨닫게 하는 경험입니다. 절망스러운 상황에 처했는데, 말로 설명할 수 없는 평안이 임했던 경험도 하나님이 우리 삶에 직접 개입하심을 보여주는 체험입니다. 회심을 통해서 그 사람의 내면과 삶이 완전히 바뀐 경험도 하나님이 실제로 존재하며 능동적으로 일하신다는 강력한 증거입니다.

계획하거나 예상하지 않았는데 예기치 않게 좋은 일이 생기는 경우도 있습니다. 이러한 경험도 하나님의 섭리와 인도하심을 생각하게 하는 기제가 됩니다. 예배와 찬양 중에 신자의 가슴에 벅차오르는 감동이 밀려올 때도 있습니다. 이러한 경험도 하나님이 신자의 예배를 들으시고 함께하심을 느끼게 합니다. 사랑과 용서를 실천한 뒤 회복된 관계 속에서 참된 자유를 경험할 때, 이것도 하나님이 일하심을 보여주는 살아 있는 증거가 될 수 있습니다. 이러한 인간의 다양한 개인적인 경험들이 하나님께서 존재하시고 역사하시는 분이신 것에 대한 증거가 됩니다.

ⓓ 성경이 증거하는 하나님(Testimony of the Bible)

'성경이 증거하는 하나님!' 하나님 존재를 증명함에 있어서 이것이 가장 중요합니다. 성경은 하나님을 다양한 방식으로 증거합니다.

성경은 "태초에 하나님이 천지를 창조하셨다"고 선포함으로써(창 1:1), 모든 존재의 궁극적 근원이신 하나님을 증거합니다.

"하늘이 하나님의 영광을 선포하고 궁창이 그 손으로 하신 일을 나타낸다"고 선포하면서(시 19:1), 만물이 창조주의 존재와 권능을 드러냄을 보여줍니다.

"본래 하나님을 본 사람이 없으되 아버지 품 속에 있는 독생하신 하나님이 나타내셨다"고 선포하면서(요 1:18), 성자 예수 그리스도를 통해서 하나님이 계시되었음을 선포합니다.

이사야의 메시야 예언(사 7:14)과 그 성취 기록(마 1:22-23)도 하나님의 예지와 통치가 역사 속에서 실제로 이루어졌음을 보여주는 강력한 증거입니다.

예수님께서 베푸신 여러 이적들과 부활 사건(고전 15:3-8)도 단순히 역사적 사건을 넘어서, 하나님 존재와 그분의 전능을 확증하는 결정적인 표적입니다.

구약성경과 신약성경 전반에 걸쳐서 반복적으로 '여호와'(YHWH)라는 이름이 나오는 것도 하나님이 신실하게 자신을 드러내시면서 신자에게 믿음의 확신을 주시는 증거입니다(창 2:4, 출 3:14-15, 신 6:4, 시 83:18, 사 42:8, 욜 2:32, 행 2:21, 롬 10:13).

결정적으로 성경 속에서 하나님은 인간과 언약을 맺으면서 당신께서 그와 함께하실 것을 반복해서 선언하십니다(창 12:1-4, 창 17:7, 출 3:12, 신 31:6, 수 1:5, 사 41:10, 마 28:20, 히 13:5). 이것도 하나님께서 인간과의 지속적인 관계 속에서 존재하시는 분이신 것을 증명합니다.

④ 오랫동안 기도해오던 문제가 예상치 못한 방법으로 해결된 경험이
있다.

하나님 존재에 대한 여러 증거들 중에서 나에게 가장 강력하게 다가오는 것은 무엇인가요?
① 별과 우주의 질서, 자연의 아름다움 같은 창조의 증거
② 양심, 도덕심, 자유의지 등 인간 본질의 증거
③ 기도 응답, 변화된 삶 등 개인적 경험의 증거
④ 성경 속의 여러 사건들과 예언 성취 등, 성경이 증거하는 하나님

③ 하나님의 본성(Nature of God)

하나님의 본성은 그분이 누구신지를 나타내는 하나님의 근본적인 존재 양태입니다. 그분의 본성을 이해함으로써, 우리는 하나님이 어떠한 분이시며 어떠한 방식으로 우리와 관계를 맺어가시는지를 깨닫게 됩니다.

ⓐ 하나님의 영원성(Eternity)

[시편 90:2]
"산이 생기기 전, 땅과 세계도 주께서 조성하시기 전
곧 영원부터 영원까지 주는 하나님이시니이다"

하나님은 시간(과거·현재·미래)에 제약을 받지 않으십니다. 영원부터 영원까지 한결같이 존재하시는 분입니다. 과거에도 동일하게 존재하셨고, 현재에도 동일하게 존재하시며, 미래에도 동일하게 존재하실 분입니다. 하나님

의 영원성은 하나님의 약속이 변치 않음을 보장함으로써, 신자로 하여금 어떠한 상황에도 하나님의 약속을 붙들 수 있게 합니다. 신자는 자신의 삶의 모든 것이 영원하신 하나님의 크신 섭리와 계획 안에 있음을 확신해야 합니다. 시간 속에서 나에게 생긴 모든 일들이 영원하신 하나님의 뜻 안에서 이루어진 것임을 신뢰하면서, 묵묵히 신앙 여정을 걸어갈 수 있습니다.

ⓑ 하나님의 일체성(Unity)

하나님의 일체성은 그분의 사랑과 공의와 지혜와 능력이 서로 분리되거나 나뉘지 않고 하나의 본질 안에서 온전히 함께 드러난다는 것을 의미합니다. 성경에서 보는 다양한 하나님의 본성들은 하나의 일관된 본질에서 흘러나오는 것들입니다. 하나님의 일체성은 그분의 여러 성품들이 모순 없이 조화를 이루고 있음을 보여줍니다. 예를 들면 인간의 눈에 종종 '사랑'과 '공의'가 충돌하는 것처럼 보이지만, 하나님 안에서는 이 둘이 갈등 없이 완전하게 하나로 작용합니다. 우리는 하나님의 일체성을 통해서 하나님께서 변함없는 신실하심 속에서 일관된 구원의 계획을 펼쳐가시는 분이신 것을 확신할 수 있습니다.

[고린도전서 8:4하]
"하나님이 한 분밖에 없는 줄 아느니라 …"

ⓒ 하나님의 불변성(Immutability)

하나님의 불변성은 그분의 성품과 약속이 시간의 흐름이나 환경의 변화에 따라서 달라지지 않음을 의미합니다.

[야고보서 1:17]
"온갖 좋은 은사와 온전한 선물이 다 위로부터
빛들의 아버지께로부터 내려오나니
그는 변함도 없으시고 회전하는 그림자도 없으시니라"

하나님의 불변성은 신자에게 어떤 환경 속에서도 하나님에 대한 우리의 믿음이 견고할 수 있다는 것을 신뢰토록 합니다. 여러 가지로 변하면서 이리 저리 흔들리는 세상 속에서, 신앙인들은 변함이 없으신 하나님을 바라봅니다. 변함이 없으신 하나님 안에서 평안과 안식을 얻습니다. 세대와 문화와 환경은 변하지만, 하나님은 변하지 않습니다. 따라서 신앙인들은 변함이 없으신 하나님께 나의 삶을 전적으로 의탁할 수 있습니다. 이유는 하나님께서는 상황과 조건에 따라서 당신의 사랑과 긍휼을 바꾸시는 분이 아니기 때문입니다. 이 하나님 지식으로 인해서 신앙인들은 어떠한 시련과 역경 속에서도 흔들림 없는 평안을 누릴 수 있습니다.

ⓓ 하나님의 무한성(Infinity)

[시편 147:5]
"우리 주는 위대하시며 능력이 많으시며
그의 지혜가 무궁하시도다"

하나님은 어떠한 한계나 경계에 갇혀 있는 분이 아닙니다. 무한하신 분입니다. 시간과 공간과 능력과 지식과 지혜 등, 모든 면에서 무한하십니다. 시간적으로 과거와 현재와 미래를 한눈에 바라보십니다('시간적인 측면'). 하나님 존재와 활동은 인간이 상상할 수 있는 경계의 밖에까지 적용이 됩니다('공간적인 측면'). 그분의 지식은 인간의 모든 역사와 우주의 모든 비밀을 통찰하십니다('지식적인 측면'). 하나님은 우주 만물을 지으시고 이끌어가시는 데에도 제한이 없으십니다('능력적인 측면'과 '지혜적인 측면'). 그분의 권능과 지혜가 무한하기 때문입니다.

ⓔ 하나님의 불가해성(Incomprehensibility)

[시편 139:6]
"이 지식이 내게 너무 기이하니 높아서
내가 능히 미치지 못하나이다"

이 구절은 우리에게 하나님의 본성이 인간의 사고 범위를 훨씬 초월함을 알게 합니다. 하나님은 인간의 이성으로 완전히 파악할 수 없는 분입니다 ('하나님의 불가해성'). 하나님은 인간의 이성이나 경험만으로 온전히 이해될 수 없습니다. 이 진리를 깨달을 때, 우리는 나의 이성의 한계를 인정하며 겸손하게 하나님 앞에 무릎을 꿇게 됩니다.

또한 불가해성은 신학적 탐구와 더불어서 묵상과 기도를 통해서 하나님을 경험하도록 우리를 초대합니다. 인간의 언어가 닿지 못하는 영역에서도 하나님은 여전히 신실하게 역사하십니다. 이 역설을 묵상할 때, 우리는 하나님을 완벽하게 이해하려는 시도를 내려놓고 그분을 전인격적으로 신뢰하게 됩니다. 하나님의 불가해성은 우리를 하나님께 향한 더욱 깊은 경외와 찬양으로 이끄는 통로가 됩니다.

함께 나누어요 ❺

하나님의 여러 본성들을 배운 후에 우리가 취해야 하는 올바른 태도는 무엇인가요?

① 더욱더 하나님을 신뢰하며 경배하겠다.

② 상황에 따라서 나에게 필요한 본성만 붙들겠다.

③ 하나님은 복잡한 분이니, 더 이상 하나님을 알아가려고 노력하지 않겠다.

④ 하나님의 크심과 신비 앞에서 겸손히 무릎을 꿇겠다.

함께 나누어요 ❻

'하나님은 인간의 이성으로 완전히 파악할 수 없는 분이다!' 이 진리 앞에서 어떤 태도를 가져야 할까요?

① 완전히 파악될 수 없음에도 불구하고 하나님을 신뢰하는 믿음을 놓지 않겠다.

② 알 수 없는 부분에 대해서 하나님께 기도하면서 지혜를 구하겠다.

③ 하나님의 크심을 겸손히 인정하는 태도를 잃지 않겠다.

④ 신비로 남겨진 부분을 수긍하면서 믿음의 여정을 충실히 걸어가겠다.

2. 하나님께서 하신 일(God's Works)

① 천지창조(Creation of the Universe)

[창세기 1:1]
"태초에 하나님이 천지를 창조하시니라"

하나님은 말씀으로 하늘과 땅을 창조하신 분입니다. 하나님의 말씀의 능력으로 "빛이 있으라" 하시니 빛이 창조되었고, 질서가 혼돈을 물리쳤습니다. 하나님은 각각의 날마다 다양한 피조물을 그분의 뜻대로 만드시고 "보시기에 좋았다"고 선언하셨습니다. 하나님의 창조 과정은 하나님의 절대주권과 무한한 지혜가 어떻게 펼쳐지는지를 생생히 보여줍니다. 하나님의 천지창조는 단순히 우주의 기원 이야기에 그치지 않고, 우리에게 모든 피조물들이 하나님의 섭리와 계획에 상관되어 있음을 가르쳐줍니다. 하나님의 천지창조 사역을 묵상할 때 인간은 창조주의 손길을 느끼면서, 그분 앞에 겸손할 수 밖에 없습니다.

② 인간 창조(Creation of Humanity)

[창세기 1:27]
"하나님이 자기 형상 곧 하나님의 형상대로 사람을 창조하시되 남자와 여자를 창조하시고"

하나님은 하나님의 형상대로 우리 인간을 창조하신 분입니다. 여기서 우리 인간이 하나님의 형상대로 만들어졌다는 것이 중요합니다. 다른 피조물과는 달리 우리 인간은 하나님의 형상대로 지음을 받은 고귀한 존재입니다. 하나님께서는 당신의 형상대로 인간을 창조하시고, 인간에게 세상을 '다스릴 수 있는 권한'('관리할 수 있는 권한')을 주셨습니다. 이것을 다른 말로 '청지기로서의 인간'이라고 칭할 수 있습니다. 하나님께서 인간을 청지기로 삼으신 것은 인간으로 하여금 그분의 창조 질서를 보존하고 발전시키는 동역자의 사명을 감당하도록 하기 위함입니다. 인간은 이 땅에서 하나님의 형상을 반영하며, 사랑과 정의와 창조적 돌봄을 펼쳐내면서 하나님의 통치가 실현되도록 부름받은 존재입니다. 인간은 자신의 삶의 모든 영역('가정', '직장', '교회', '사회' 등)에서 하나님의 뜻을 이루어드리는 청지기적 책임을 기쁘고 성실하게 감당해야 합니다.

③ 구속 사역(Work of Redemption)

[요한복음 3:16-17]
"16 하나님이 세상을 이처럼 사랑하사 독생자를 주셨으니
이는 그를 믿는 자마다 멸망하지 않고 영생을 얻게 하려 하심이라
17 하나님이 그 아들을 세상에 보내신 것은
세상을 심판하려 하심이 아니요
그로 말미암아 세상이 구원을 받게 하려 하심이라"

이 말씀은 하나님께서 죄로 인해서 인간을 심판하시는 것이 아니라 오히려 인간을 구원하실 것을 선택하셨음을 분명히 보여줍니다. 하나님은 모든 인류를 죄로부터 구원하시기 위해서 당신의 독생자를 이 땅에 보내셨습니다('구속 사역'). 독생자 예수 그리스도께서 대속 제물이 되어서, 인간의 죄를 대신 짊어지고 십자가에서 죽으심으로써 하나님과 인간 사이에 화해의 길을 여셨습니다. 그분의 부활은 사망 권세를 이기신 하나님의 승리의 표시요, 모든 믿는 자에게 영원한 생명을 보장합니다. 하나님의 구속 사역은 장구한 시간이 흘러도 그 성격이 바뀌지 않습니다. 하나님의 구속 사역은 인간을 향한 놀라운 사랑의 사건입니다.

하나님께서 하신 창조 사역과 구속의 사역을 생각할 때, 어떤 마음이 드나요?

① 우주와 나를 창조하신 하나님 앞에서 경외심이 들어간다.

② 하나님의 형상대로 지음을 받은 존재로서 책임감을 느낀다.

③ 예수님의 십자가와 부활이 내 삶의 소망이 됨을 확신한다.

④ 이 놀라운 소식을 다른 사람에게 전하고 싶은 열정이 생긴다.

지금까지 "성부 하나님 이야기"라는 주제로 성경 공부를 하였습니다. 성경 공부를 통해서 깨달은 점이나 마음에 남은 은혜나 새롭게 얻은 통찰을 간단하게 적어 보시기 바랍니다. 이 기록이 앞으로 하나님과 함께 걸어갈 믿음의 여정을 새롭게 준비하는 소중한 흔적이 될 것입니다.

예시

하나님 존재에 대한 여러 관점과 증거들을 통해서, 내가 믿는 하나님이 얼마나 분명하고 실제적인 분이신지를 새롭게 확인하게 되었습니다. 하나님의 본성과 그분의 창조 사역과 구속 사역을 묵상하면서, 내 삶이 결코 우연이 아니라 하나님 안에서 계획되고 이끌어지는 여정임을 깊이 깨달았습니다. 앞으로 하나님의 위대하심과 신실하심을 기억하며, 그분을 더 온전히 알고 따르는 삶을 살아가겠습니다.

성경 공부를 통해서 얻은 통찰 메모하기

성부 하나님 이야기

5과. 성부 하나님 이야기(2)

5과. 성부 하나님 이야기(2)

1. 하나님의 비-공유적 속성을 통해 창조주와 피조물의 차이를 알게 한다.
2. 하나님의 공유적 속성이 신자의 삶 속에서 어떻게 나타나는지를 알게 한다.
3. 하나님의 성품을 아는 것이 신자의 태도와 행동에 어떤 영향을
   미치는지를 살펴본다.
4. 하나님을 닮아가는 삶이 도덕적 노력이 아닌 은혜의 여정임을 깨닫게 한다.

성경은 우리가 하나님을 알도록 여러 속성들(Attributes)을 소개하면서 하나님을 드러내 주고 있습니다. 속성이란 어떤 대상을 정의하거나 특징 짓도록 하는 고유한 성질을 가리킵니다. 하나님의 속성은 하나님 자신이 본질적으로 지니신 특성과 성품으로, 하나님이 어떤 분이신지를 드러내 주는 핵심적인 요소입니다. 하나님의 속성을 크게 인간과 나누어가질 수 없는 '비-공유적 속성'과 인간과 함께 부분적으로 나눌 수 있는 '공유적 속성'으로 구분할 수 있습니다. 신자는 하나님의 비-공유적 속성과 공유적 속성을 탐구하면서, 하나님을 경외하는 마음과 그분을 닮아가는 삶을 균형 있게 이해할 수 있습니다. 하나님의 비-공유적 속성을 앎으로써 창조주와 피조물 사이의 본질적인 차이를 인식하게 됩니다. 그리고 하나님의 공유적 속성을 앎으로써 은혜 안에서 성장하고 성숙해 가는 여정을 걸어가게 됩니다.

다음 중 '하나님의 속성'에 대한 올바른 설명은 무엇인가요?
　① 하나님께서 인간과 같다는 것을 설명하는 요소
　② 하나님이 어떤 분이신지를 보여주는 하나님의 고유한 성질

1. 하나님의 비-공유적 속성(Incommunicable Attributes)

하나님의 비-공유적 속성은 하나님 자신만이 가지신 고유한 성품으로, 인간이나 피조물로부터 철저히 구별된 하나님 자신만의 본질적인 특성을 가리킵니다. 하나님의 비-공유적 속성을 이해함으로써, 우리는 창조주와 피조물 사이의 근본적 차이를 명확하게 깨닫습니다. 하나님을 향해서 경외심을 갖습니다. 자신의 연약함과 한계를 절감하면서 하나님의 위대하심 앞에 겸손하게 무릎을 꿇습니다. 비-공유적 속성을 깨달을 때 우리는 하나님께 무한한 영광을 돌리게 됩니다.

① 하나님의 자존성(Aseity)

자존성(自存性)은 하나님이 다른 누구에게도 의존하지 않고 스스로 존재하시는 분이신 것을 가리키는 하나님의 속성입니다. 출애굽기 기자는 하나님의 자존성을 다음과 같이 선포합니다.

[출애굽기 3:14상]
"하나님이 모세에게 이르시되 나는 스스로 있는 자이니라…"

'나는 스스로 있는 자이다!' 이 하나님의 자존성은 우리에게 하나님께서 인간을 비롯해서 여타의 모든 피조물들과 근본적으로 구별되는 분이신 것을 알게 합니다. 하나님은 모든 피조물에 앞서서 영원 전부터 존재하시는 분입니다. 피조물은 자신의 존재를 하나님께 의존할 수밖에 없지만, 하나님은 어떤 존재에게도 의존하지 않으십니다. 그렇기에 그분 안에는 결핍이나 부족함이 없습니다. 창조 이전에도, 창조 이후에도 여전히 항존하시는 분입니다.

이 하나님의 자존성이 모든 피조물들의 존재 근거가 됩니다. 하나님을 의지하는 신자는 '지음받은 피조물'이라는 자신의 한계를 인정하면서 모든 생명과 공급의 근원이 하나님께 있음을 고백하고 겸손과 순종으로 그분을 예배해야 합니다.

② 하나님의 전능성(Omnipotence)

전능성(全能性)은 하나님께서 능력과 권세가 무한하시기에 어떤 제약도 받지 않으시는 분이신 것을 가리키는 하나님의 속성입니다. 예레미야는 하나님의 전능성을 다음과 같이 선포합니다.

[예레미야 32:17하]
"…주 여호와여 주께서 큰 능력과 펴신 팔로 천지를 지으셨사오니
주에게는 할 수 없는 일이 없으시니이다"

이 말씀은 우리에게 우주 만물을 지으신 전능하신 하나님 앞에서 우리 인간이 얼마나 작고 연약한 존재인가 하는 것을 돌아보게 합니다. 연약한 인간과 달리, 하나님은 인간의 지혜와 힘이 미치지 못하는 영역까지도 당신의 전능을 펼쳐내시는 분입니다. 무엇보다도 하나님은 당신의 전능을 당신의 자녀들에게 선하게 행사하십니다. 하나님은 당신의 전능을 사랑과 공의로 펼쳐내시면서 우리를 구원하고 보호하며 선한 길로 인도하십니다. 그렇기 때문에 신앙인들은 어떠한 상황에서도 그분의 전능을 신뢰하면서 평안을 상실하지 않을 수 있습니다.

③ 하나님의 전지성(Omniscience)

전지성(全知性)은 하나님께서 시간적으로 과거와 현재와 미래 그리고 공간적으로 보이는 것과 보이지 않는 모든 것을 완전하게 알고 계시는 분이신 것을 가리키는 하나님의 속성입니다. 이사야는 하나님의 전지성을 다음과 같이 선포합니다.

이사야의 고백처럼 하나님은 모든 것을 알고 계시는 분입니다. 하나님은 과거의 모든 역사와 현재의 모든 사건과 미래의 모든 일까지, 모든 것을 알고 계십니다. 나아가서 인간의 생각과 감정과 숨겨진 동기까지도 전부 다 알고 계십니다. 인간의 제한된 이성으로 파악할 수 없는 복잡한 문제들도 하나님은 명료하게 파악하십니다. 전지하신 하나님은 당신의 자녀들이 무엇을 필요로 하는지도 정확하게 알고 계십니다. 전지하신 하나님 앞에서 신앙인들은 감출 것이 없음을 깨닫고 정직하게 하나님께 나아가야 합니다. 이 깨달음은 우리가 하나님의 뜻을 구하면서 순종의 삶을 살아가도록 이끌어줍니다.

④ 하나님의 편재성(Omnipresence)

편재성(遍在性, '무소부재성')은 하나님께서 어느 특정한 장소에 제한되지 않고, 동시에 모든 곳에 계시는 분이신 것을 가리키는 하나님의 속성입니다. 잠언서 기자는 하나님의 편재성을 다음과 같이 선포합니다.

하나님은 공간의 제약을 받지 않으시고 우주 곳곳에 두루 계시는 분입니다. 모든 곳에 존재하시면서 속속들이 살피시고 피조물의 필요를 채우십니다. 하나님의 편재성을 올바르게 알 때, 신앙인들은 내가 어디에 있든지 하나님께서 나와 함께 계시는 분이신 것을 신뢰할 수 있습니다. 따라서 하나님의 편재성은 우리에게 어떤 상황에서도 혼자가 아니며, 언제나 그분의 임재 안에서 살아감을 확신케 합니다. 하나님의 편재성을 깨달을 때 신앙인들은 어느 상황에서도 담대할 수 있습니다. 이 인식은 우리로 하여금 기쁨과 감사로 하나님과 동행하는 삶을 살도록 합니다.

⑤ 하나님의 초월성(Transcendence)

초월성(超越性)은 하나님께서 피조 세계와 철저히 구별되어 존재하시는 분이신 것을 가리키는 하나님의 속성을 가리킵니다. 바울은 하나님의 초월성을 다음과 같이 선포합니다.

[로마서 11:33]
"깊도다 하나님의 지혜와 지식의 풍성함이여,
그의 판단은 헤아리지 못할 것이며 그의 길은 찾지 못할 것이로다"

바울의 고백처럼 하나님은 인간의 이성과 사고와 상상력을 초월해서 존재하시고 역사하시는 분이십니다. 따라서 인간은 하나님을 완전히 이해할 수 없습니다. 하나님을 이해하려고 할수록, 당신의 초월성으로 인해서 하나님은 그만큼 멀어지십니다. 왜 그렇습니까? 하나님은 근본적으로 피조 세계와 본질적으로 구별되어 존재하시는 분이시기 때문에 그렇습니다. 그러나 한편으로 하나님은 피조 세계를 초월해 계시지만, 그럼에도 우리 삶의 구체적인 순간들에 개입하시면서 그분의 선하신 목적을 이루어 가시는 분이십니다. 그러므로 신앙인들은 하나님의 초월성을 경외함으로 받아들이면서도, 동시에 우리와 함께하시는 하나님을 신뢰하며 살아가야 합니다.

함께 나누어요 ❷

다음 중 하나님의 비-공유적 속성들과 관련해서, 올바른 하나님 앎은 무엇인가요?

① 하나님은 과거와 현재는 아시지만, 미래는 모르신다.

② 하나님은 인간과 거의 같은 존재이시다. 인간보다 조금 더 뛰어난 힘과 지혜를 가지실 뿐이다.

③ 하나님은 멀리 떨어져 계시지만, 인간의 삶을 주관하시고 인도하신다.

2. 하나님의 공유적 속성(Communicable Attributes)

하나님의 공유적 속성이란 하나님께서 인간에게도 일부 나누어 주셔서 인간이 하나님을 닮아가도록 하신 속성들을 가리킵니다. 하나님께서는 거룩과 공의와 사랑과 신실하심과 선하심과 자비와 오래 참으심 같은 속성들을 인간 안에 거룩한 씨앗으로 심어주셨습니다. 따라서 신앙인들은 영적 훈련을 통해서 이 속성들을 익히고 펼쳐갈 수 있습니다. 이 속성들은 단순히 도덕적인 덕목은 아니며, 하나님과의 관계 속에서 성령의 역사로 실제로 구현되는 신자의 삶의 양식입니다. 우리가 공유적 속성을 신앙 훈련을 통해서 배우면서 습득해 나갈 때, 하나님과의 연합이 더욱 깊어집니다.

① 하나님의 거룩(Holiness)

거룩은 대표적인 하나님의 공유적 속성으로서, 하나님께서 모든 피조물과 구별되시며 본질적으로 순결하고 완전하게 의로우신 분이신 것을 가리키는 하나님의 속성입니다. 베드로는 하나님의 거룩을 다음과 같이 선포합니다.

[베드로전서 1:15-16]
"15 오직 너희를 부르신 거룩한 이처럼
너희도 모든 행실에 거룩한 자가 되라
16 기록되었으되 내가 거룩하니 너희도 거룩할지어다 하셨느니라"

베드로가 하나님이 거룩하신 분이신 것을 선포하면서, 그분을 닮아서 신앙인들도 모든 행실에 거룩한 자가 될 것을 촉구하고 있습니다. 하나님의 거룩은 단순한 도덕적 규범을 넘어섭니다. 인간에게 거룩은 하나님과의 연합

속에서 성령의 역사로 이루어져 가는 삶의 변화를 가리킵니다. 내가 스스로 거룩해 질 수 없습니다. 나를 거룩하게 하시는 이는 내 안에 내주하시는 성령님이십니다. 그리고 거룩은 단번에 이루어지지 않습니다. 자신의 삶의 모든 자리에서 지속적으로 성령 하나님께 순종할 때 나의 삶 가운데 거룩이 이루어져 갑니다. 삶의 자리에서 거룩의 분량을 넓혀가면서 신앙인들은 세상에서 빛과 소금의 사명을 감당함으로써 하나님께 영광 올려 드리는 삶을 살아갑니다.

② 하나님의 공의(Righteousness)

공의(公義)는 하나님께서 당신의 거룩한 뜻과 기준에 따라서 모든 것을 바르고 정직하게 대하시는 분이신 것을 가리키는 하나님의 성품입니다. 거룩과 마찬가지로 공의도 하나님의 핵심 성품에 속합니다. 신명기 기자는 하나님의 공의를 다음과 같이 선포합니다.

[신명기 32:4]
"그는 반석이시니 그가 하신 일이 완전하고
그의 모든 길이 정의롭고 진실하고 거짓이 없으신 하나님이시니
공의로우시고 바르시도다"

'완전함'과 '정의로움'과 '진실함'과 '거짓 없음'이 하나님의 공의의 본질입니다. 하나님의 '완전함'은 하나님께서 하시는 모든 일이 흠이 없고 부족함이 없음을 뜻합니다. 인간의 판단에서 나오는 행위들은 한계로 인해서 실수의 여지를 갖지만, 하나님의 행하심은 언제나 완전하기에 잘못이나 오류가 없습니다. 하나님의 '정의로움'은 하나님께서 모든 것을 공평하고 바르게 판단하신다는 의미를 갖습니다. 사람의 판단은 불완전하기에 한쪽으로 치우칠 수 있는 여지를 갖지만, 하나님의 판단은 언제나 공정하고 올바릅니다. 하나님의 '진실함과 거짓 없음'은 하나님께서 당신의 약속을 신실하게 이루신다는 의미를 갖습니다. 사람은 상황에 따라서 말을 바꾸면서 약속을 지키지 못할 수 있지만, 하나님은 언제나 참되시며 거짓이 없으시기에 반드시 말씀하신 것을 이루십니다. 신앙인들은 교회는 물론 사회에서 하나님의 공의를 드

러내는 삶을 살아야 합니다. 신앙인들에게 하나님의 공의는 의로운 삶으로
의 초대입니다.

③ 하나님의 사랑(Love)

사랑은 하나님께서 조건이나 공로와 상관없이 자신의 백성을 아끼고 돌보
시는 자기희생적인 분인 것을 가리키는 하나님의 속성입니다. 사도 요한은
하나님의 사랑을 다음과 같이 선포합니다.

[요한일서 4:8]
"사랑하지 아니하는 자는 하나님을 알지 못하나니
이는 하나님은 사랑이심이라"

'하나님은 사랑이심이라!' 요한이 하나님을 사랑이라고 선포하고 있습니
다. 이 사랑은 무조건적이고, 무한하며, 상황에 따라서 바뀌지 않는 변하지
않음의 특성을 갖습니다. 하나님께서는 결정적으로 이 사랑의 성품을 예수
그리스도의 십자가에서 드러내셨습니다. 하나님은 당신의 사랑을 죄를 덮어
주면서 화해를 이루시는 은혜로 나타내셨습니다. 하나님의 사랑이 능동적으
로 역사하여서 우리 안에 선한 열매를 맺게 합니다. 따라서 이 사랑을 체험
한 신자들은 하나님의 사랑을 본받아서 다른 사람을 섬기는 데에 기꺼이 헌
신하게 됩니다. 하나님의 사랑은 신자들이 섬기고 용서하는 삶을 살도록 하
는 동력이 됩니다. 신앙인들은 하나님의 사랑 안에서 자신이 먼저 받은 은혜
를 기억하며, 세상 속에서 그 사랑을 전하는 증인의 삶을 살아가야 합니다.

④ 하나님의 신실하심(Faithfulness)

신실하심은 하나님께서 약속하신 것을 반드시 이루시며, 거짓이나 변함이
없으신 분이신 것을 가리키는 하나님의 속성입니다. 신명기 기자는 하나님
의 신실하심을 다음과 같이 선포합니다.

[신명기 7:9]

"그런즉 너는 알라 오직 네 하나님 여호와는 하나님이시오
신실하신 하나님이시라
그를 사랑하고 그의 계명을 지키는 자에게는
천 대까지 그의 언약을 이행하시며 인애를 베푸시되"

신명기 기자는 하나님을 '신실하신 분'이라고 선포하면서, 하나님께서 당신의 언약을 끝까지 지키시는 분이라고 선언하고 있습니다. 하나님은 우리를 사랑하셔서 당신의 약속을 천 대까지 잊지 않으시고 신실하게 성취해 가시는 분입니다. 나아가서 그분의 신실하심은 우리가 실패하고 넘어질 때에도 변함없이 손을 내미시는 신실한 동반자의 면모를 갖습니다. 하나님의 신실하심을 기억할 때, 신자는 하나님께 향한 믿음을 움켜잡고 놓지 않을 수 있습니다. 하나님의 신실하심을 신뢰하면서, 다른 이들에게 하나님의 신실하심을 전하는 자로 살아갑니다. 신자는 변함없이 신실하신 하나님께 신뢰를 두면서, 그 신실하심을 삶 속에서 '이루고 전하는' 사람입니다.

⑤ 하나님의 선하심(Goodness)

하나님의 선하심은 하나님께서 언제나 바르고 유익한 것을 행하시면서 우리에게 은혜를 베푸시는 분이신 것을 가리키는 하나님의 속성입니다. 시편 기자는 하나님의 선하심을 다음과 같이 선포합니다.

[시편 107:1]
"여호와께 감사하라 그는 선하시며 그 인자하심이 영원함이로다"

시편 기자가 하나님을 선하신 분으로 소개하면서, 선하신 하나님께서 모든 피조물들에게 항상 그 인자하심을 행사하신다고 선언합니다. 하나님의 선하심은 영원히 변하지 않는 특성을 갖습니다. 하나님은 피조물들을 선하게 돌보시면서, 영원히 풍성한 복을 허락하시는 분입니다. 하나님은 예수 그리스도를 통해서 당신의 선하심을 연약한 자를 일으키시고 상한 마음을 치유하시는 따뜻한 사랑의 손길로 구체화시키셨습니다. 하나님의 선하심이 때로는 고난 가운데 선을 이루시는 섭리로 나타날 때도 있습니다. 우리가 이해

하지 못하는 순간에도 하나님은 우리를 위해서 가장 좋은 길을 준비하고 계십니다. 따라서 신앙인들은 하나님의 선하심에 감사로 응답해야 합니다. '언제나 선하신 하나님을 바라보고 찬양하면서 그분께 영광을 돌리는 사람들!' 우리 신앙인들입니다.

⑥ 하나님의 오래 참으심(Patience)

오래 참으심은 하나님께서 죄인들을 즉각 심판하지 않으시고, 회개할 기회를 주시며, 오래도록 기다려 주시는 분이신 것을 가리키는 하나님의 속성입니다. 베드로는 하나님의 오래 참으심을 다음과 같이 선포합니다.

[베드로후서 3:9]
"주의 약속은 어떤 이들이 더디다고 생각하는 것같이
더딘 것이 아니라
오직 주께서는 너희를 대하여 오래 참으사
아무도 멸망하지 아니하고
다 회개하기에 이르기를 원하시느니라"

오래 참으심은 하나님께서 죄인인 인간에게 회개의 기회를 충분히 주시며, 인내하시면서 기다리시는 '사랑'과 연결됩니다. 오래 참으시는 하나님은 당신의 사랑을 묵묵히 드러내시는 분입니다. 그분의 오래 참음이 인간의 반성과 회개를 늦추게 만드는 것처럼 보일 때도 있지만, 궁극적으로 그것은 참된 돌이킴으로 이끄시려는 하나님의 큰 그림입니다. 신자는 이 속성을 묵상하면서, 하나님의 인내하시는 사랑이 나의 삶에 어떠한 치유와 회복을 가져다주었는지를 깨닫게 됩니다. 이 깨달음은 우리로 하여금 다른 사람을 대할 때 성급히 판단하거나 쉽게 포기하지 않도록 합니다. 신자는 인내하고 사랑을 실천하면서 하나님의 성품을 삶으로 드러내는 사람입니다.

하나님의 공유적 속성을 배운 후에 신자가 얻게 되는 중요한 유익은 무엇인가요?

① 하나님 지식을 많이 쌓아서 신학적으로 우월해지는 것

② 하나님을 닮아가면서 자신의 삶을 변화시켜 가는 것

③ 세상에서 성공할 수 있는 비결을 배우는 것

④ 도덕적으로 흠잡을 데 없는 완벽한 사람이 되는 것

하나님의 '비-공유적 속성'과 '공유적 속성'을 균형 있게 이해하려는 목적이 무엇인가요?

① 하나님을 더 깊이 알고, 그분의 위대하심을 인정하기 위해서

② 하나님과 인간의 차이를 극복하고자 노력하기 위해서

③ 하나님을 마음으로 경외하면서, 하나님을 신실하게 닮아가려고

④ 하나님을 아는 지식이 삶의 변화로 이어지도록 하기 위해서

지금까지 "성부 하나님 이야기"라는 주제로 성경 공부를 하였습니다. 성경 공부를 통해서 깨달은 점이나 마음에 남은 은혜나 새롭게 얻은 통찰을 간단하게 적어 보시기 바랍니다. 이 기록이 앞으로 하나님과 함께 걸어갈 믿음의 여정을 새롭게 준비하는 소중한 흔적이 될 것입니다.

예시

하나님의 속성을 체계적으로 배우면서, 하나님을 아는 지식이 머리가 아닌 마음과 삶으로 연결되어야 함을 느꼈습니다. 특히 공유적 속성을 배우면서, 신앙생활이 하나님의 성품을 닮아가는 삶의 여정임을 마음에 새기게 되었습니다. 앞으로도 배운 말씀을 일상의 자리에서 실천하면서 하나님을 닮아가는 여정을 계속 이어가겠습니다.

성경 공부를 통해서 얻은 통찰 메모하기

성부 하나님 이야기

6과. 성부 하나님 이야기(3)

1. 삼위일체에 대한 잘못된 이해들
   ① 종속론
   ② 양태론
   ③ 삼신론
   ④ 성부-단일신론
   ⑤ 성자-단일신론
   ⑥ 성령-단일신론
2. 삼위일체에 대한 올바른 이해들
   ① 삼위일체에 대한 성경의 포괄적이고
      통전적인 이해
   ② 삼위일체에 대한 기독교 공동체의
      체험과 증언
   ③ 삼위일체에 대한 모든 교회들의 수용
   ④ 삼위 하나님의 일체적 사역

6과. 성부 하나님 이야기(3)

하나님은 어떤 분이신가? 하나님은 어떤 방식으로 존재하시고 활동하시는가? 이 물음은 초대교회 때부터 끊임없이 제기된 물음입니다. 여기에 대한 대답으로 기독교 정통주의는 하나님의 존재와 사역을 '삼위일체'(Trinity)로 규정하였습니다. 하지만 하나님의 존재와 사역에 대한 설명인 '삼위일체론'은 이해하기에 어려운 교리입니다. 어렵기에 많은 신자들이 삼위일체에 대한 배움과 앎을 포기합니다. 어떤 이들은 삼위일체를 자의적으로 이해하고 해석을 하다가 잘못된 앎에 빠지기도 합니다.

여기서 이런 질문을 던져 봅니다. 기독교인이 삼위일체에 대해서 반드시 알아야 하는가? 알아야 합니다. 알기 위해서 노력해야 합니다. 이유는 삼위일체가 기독교 신앙의 뼈대가 되기 때문입니다. 삼위일체가 아닌 다른 신은 기독교의 하나님이 아닙니다. 기독교인이라면 기독교의 하나님을 알고 믿어야 합니다. 삼위일체 하나님에 대한 올바른 이해는 신자의 신앙을 견고히 세우는 기초이자, 신자의 정체성을 완성하는 참된 하나님 지식입니다.

— 함께 나누어요 ❶

1. 삼위일체에 대한 잘못된 이해들(Misunderstandings)

① 종속론(Subordinationism)

종속론은 삼위일체 안에서 성자와 성령의 본질적인 위격이 성부 하나님보다 열등하거나 종속된다고 보는 견해입니다. 종속론의 주된 내용은 다음과 같습니다. "성자는 본질적으로 피조물로서, 성부보다 낮은 등급에 있다." 4세기경의 아리우스(Arius)가 성자를 처음으로 창조된 존재로 보면서, 성부와 똑같지 않다는 가르침을 전했습니다. 종속론은 삼위일체의 동일 본질(consubstantiality)을 부정합니다. "하나님은 한 본질 안에 세 위격으로 존재하신다." 종속론은 기독교 전통 신앙의 토대가 되는 이 가르침에서 벗어나는 잘못된 하나님 이해입니다.

② 양태론(Modalism)

양태론은 삼위일체에 대해서 설명을 하면서, 성부와 성자와 성령을 시간과 상황에 따라서 서로 다르게 드러나는 양태(mode)로 이해합니다. 여기서 양태는 일종의 '가면'(persona)을 가리킵니다. 연극에서 한 사람이 여러 역을 감당하는 장면을 떠올리면 이해에 도움이 됩니다. 한 사람이 가면을 쓰고 장면이 바뀔 때마다 다른 인물로 등장하듯이, 양태론은 하나님께서 상황에 따라서 어떤 때는 아버지로, 어떤 때는 아들로, 어떤 때는 성령으로 '모습만

달리' 드러나신다고 이야기합니다. 본래 한 분이신 하나님이 때로는 아버지로, 때로는 아들로, 때로는 성령으로 변신하여 활동한다고 봅니다. 양태론은 세 위격이 동시다발적으로 존재한다는 성경의 증언을 부정하면서, 예수 그리스도의 존재성과 성령의 존재성을 왜곡하였습니다. 양태론을 3세기 사벨리우스(Sabellius)가 주장하였는데, 이 사람은 서기 325년에 소집된 1차 니케아 공의회 이전에 교회에서 이단으로 규정되었습니다.

③ 삼신론(Tritheism)

삼신론은 삼위일체 하나님을 세 분('성부·성자·성령')의 각각 독립된 신(神)으로 분리하여서 설명합니다. 이 입장은 성부와 성자와 성령을 하나의 본질을 공유하는 한 분 하나님으로 이해하지 않습니다. 각각 별개의 신격을 지닌 세 신으로 봅니다. 이 점에서 정통 삼위일체 교리에서 벗어납니다. 하나님의 통일성을 부인하는 오류를 가지고 있습니다. 삼신론을 가지고는 성부와 성자와 성령 간의 상호 내주(페리코레시스, perichoresis)와 연합의 신비를 설명할 수 없습니다.

삼위일체를 잘못 이해했을 때, 그로 인해서 생길 수 있는 문제에 무엇이 있을까요?
① 하나님을 제한되거나 왜곡되게 이해할 수 있다.
② 예수님과 성령님의 사역을 축소하거나 무시할 수 있다.
③ 신앙생활을 함에 있어서 잘못된 기도와 예배 습관이 자리 잡을 수 있다.
④ 복음의 핵심 내용을 다른 사람에게 잘못 전할 수 있다.

한편 성부와 성자와 성령, 각 위격과 관련해서 다음과 같이 잘못된 신관들도 존재합니다.

④ 성부-단일신론(Father-only Unitarianism)

성부-단일신론은 성부 하나님이 천지를 창조했고, 모든 구속의 사역을 단독으로 행하신다는 입장을 가지고 있습니다. 구약성경의 야웨(Yahweh)에 대한 강조에서부터 종말의 완성까지, 역사의 모든 중심에 '성부'가 있습니다. 성자와 성령을 언급하지 않는 것은 아니지만, 이 입장에서 성자와 성령은 매우 위축됩니다. 이 입장은 지나친 유일신관으로서, 건강한 삼위일체 신관과 거리가 먼 잘못된 신관입니다.

⑤ 성자-단일신론(Son-only Unitarianism)

성자-단일신론은 오직 성자 예수님께만 경건과 충성을 바치는 신앙 형태를 갖습니다('그리스도 중심주의'). 이 입장은 대체로 '구원'에만 집중하는 경향을 갖습니다. 성자 예수님의 보혈로 죄사함을 받는다는 것을 매우 강조합니다. 물론 성경이 이것을 증언하지만, 이 입장의 사람들은 과도합니다. 예수님을 주문처럼 외우거나 '예수 보혈, 예수 보혈'을 외치면서 몰입하기도 합니다. 예수님을 강조하는 것 자체가 문제가 되는 것은 아니지만, 성부와 성령의 역할이 없어지는 것은 문제가 됩니다. 이 입장은 믿음이 예수 숭배로 전락될 수 있는 위험성을 갖습니다.

⑥ 성령-단일신론(Spirit-only Unitarianism)

성령-단일신론은 주로 성령의 체험과 은사에 관해서만 집중합니다. 물론 성경은 성령 체험과 은사를 소개합니다. 하지만 문제는 이 입장이 강조하는 성령 체험이 예수 그리스도에 대한 증거와 성부 하나님의 섭리로 이어지지 않는다는 데에 문제가 있습니다. 이 입장은 은연 중에 성령과 성자를 분리시키고, 성령을 성부와도 분리시킵니다. 성령 체험이 그 사람의 내면적 체험에만 머물러 있을 뿐입니다. 성령을 '사적인 영'(private spirit)으로 국한할 수 있습니다. 이 입장은 자신이 경험한 성령 체험이 성경적인 것인지에 대해서 검증을 하지 않기 때문에 결국 극단적인 개인주의의 신앙으로 귀결되기 쉽습니다.

삼위일체에서 한 위격만 강조하는 신앙이 위험한 이유가 무엇인가요?
① 하나님을 온전하게 알지 못함으로 신앙의 균형이 깨지기에
② 성경이 말하는 삼위 하나님의 사역 전체를 놓칠 수 있기에
③ 예배와 기도가 편향되어 다른 위격을 소홀히 여길 수 있기에
④ 잘못된 가르침에 노출되어 이단적인 신관으로 흘러갈 수 있기에

2. 삼위일체에 대한 올바른 이해들(Correct Understandings)

삼위일체론을 올바르게 이해하기 위해서는 '삼위일체에 대한 성경의 포괄적이고 통전적인 이해'와 '삼위일체에 대한 기독교 공동체의 체험과 증언'과 '삼위일체에 대한 모든 교회들의 수용'을 함께 살펴봐야 합니다.

① 삼위일체에 대한 성경의 포괄적이고 통전적인 이해 (Comprehensive and Holistic Understandings)

기독교를 반대하는 사람들이 삼위일체론을 공격하는 가장 흔한 주장은 성경에 삼위일체(Trinity)나 삼위(Three Hypostases)나 하나의 본질(One Essence) 같은 용어가 나오지 않는 것과 맥을 같이 합니다. 여기에 주목하면서 그 사람들은 성경에 삼위일체론을 뒷받침할 수 있는 근거가 없다고 하면서 삼위일체론을 철학적 사변의 결과라고 주장합니다. 그러나 이러한 주장은 잘못된 주장입니다. 이러한 주장은 성경에 대한 오해에서 비롯됩니다. 그 사람들은 성경에 삼위일체라는 용어는 없지만, 삼위일체에 대한 풍부한 언급이 있음을 알아야 합니다.

삼위일체론을 이해함에 있어서 중요한 것은 성경의 몇 단어나 용어에서 삼위일체를 찾으려고 하면 안 된다는 것입니다. 삼위일체론을 성경의 일부 몇 구절로 판단을 하면 안 됩니다. 일부 구절에 집착하는 것은 바람직하지

않습니다. 삼위일체론은 매우 '폭넓은 체계'를 가진 교리입니다. 따라서 삼위일체 교리를 몇 개의 직접적인 성경 구절에 국한시켜서 이해하는 것은 위험합니다. 이유는 이렇게 되면 성경 전체를 포괄하는 삼위일체 사상이 일부 몇 개의 구절에 종속되거나 제한되기 때문입니다. 이렇게 되면 삼위일체가 지니고 있는 본래의 의미가 왜곡될 수 있습니다.

성경을 전체적으로 볼 때 성부 하나님과 성자 예수님과 성령 하나님이 '세 위격으로' 인격적으로 존재함을 발견하게 됩니다. 세 위격이 서로 등급이나 서열이 다르지 않고 동등하게 하나의 신성을 이룬다는 것도 발견하게 됩니다. 삼위일체론은 기독교 역사에서 많은 논의를 통해서 구약과 신약에 드러나는 하나님에 대한 여러 이해들을 종합해서 내린 결론입니다. 이것을 이해하는 것이 매우 중요합니다.

성경 전체를 통전적으로 볼 수 있는 시각이 있어야 삼위일체에 대해서 건강한 지식을 갖게 됩니다. 성경 전체를 통전적으로 볼 수 있는 시각을 어떻게 가질 수 있을까요?
① 창세기부터 요한계시록까지, 성경 66권의 큰 흐름을 연결하면서 읽는다.
② 구약과 신약의 관계를 찾아서 묵상하면서 읽는다.
③ 성경의 주제와 인물과 사건들을 서로 비교하면서 연결해 본다.
④ 신학적인 배경과 역사적 맥락을 공부하면서 성경을 읽는다.

② 삼위일체에 대한 기독교 공동체의 체험과 증언
(Experience and Testimony)

기독교는 살아있는 믿음을 강조하는 종교입니다. 믿음이 생명력을 갖기 위해서는 성경의 말씀이 오늘 '현재적으로' 체험되어야만 합니다. 그런데 강요나 당위성으로는 믿음이 생명력을 가질 수 없습니다. 교회와 기독교 신조가 삼위일체를 아무리 강조하더라도, 기독교인들에게 삼위일체에 대한 체험이 현재적으로 일어나지 않으면 교회의 가르침과 신조는 공허해질 수밖에 없습니다. 그런데 기독교 공동체는 2,000년의 역사 동안 끊임없이 삼위 하나님에 대한 살아있는 체험을 해왔습니다. 이 체험은 성경에서 시작해서 오늘까지 이어져 오는 체험입니다.

오순절에 예수님의 제자들에게 임한 성령의 강력한 임재가 예수 그리스도에 대한 증언으로 이어졌습니다. 제자들의 '오순절 성령 체험'은 곧 '성자 예수님에 대한 고백'이며, '예수님을 죽음에서 살리신 성부 하나님에 대한 찬양'입니다. 이러한 삼위 하나님에 대한 체험이 성경 밖에서도 있어 왔습니다. 기독교 초기에 교부들이 순교의 현장에서 죽음을 맞는 중에 삼위 하나님을 고백하면서 성부와 성자와 성령께 영광을 돌린 숱한 증언이 있었습니다. 삼위 하나님에 대한 체험이 어느 한 시대에 국한되지 않고, 기독교 역사 내내 이어져 왔던 것입니다.

일반 신자들의 삼위 하나님에 대한 체험도 삼위일체 하나님에 대한 성경의 기록과 유사한 면을 갖습니다. '성령'을 체험한 신자들은 '성자 예수님'을 증거하면서 '성부 하나님'께 영광을 돌렸습니다. 이러한 삼위에 대한 믿음과 체험과 고백과 찬양이 신자들의 삶 속에서 생생하게 증언되고 있습니다. 기독교 공동체는 삼위 하나님을 체험하고 고백한 2,000년의 역사를 가지고 있습니다. 이 역사는 단지 과거에 대한 기록이 아니라, 지금도 살아있는 역사입니다. 따라서 누구도 기독교 공동체의 삼위 하나님에 대한 증언을 무시할 수 없습니다.

'건강한 성령 체험'은 자연스럽게 '성자 예수님에 대한 증언'과 '성부 하나님께 대한 찬양'으로 이어집니다. 이 점에 대해서 어떻게 생각하시나요?

③ 삼위일체에 대한 모든 교회들의 수용(Universal Acceptance)

삼위일체 교리는 성자 예수님과 밀접한 관련성을 갖습니다. 예수님에 대한 올바른 이해가 삼위일체론과 직결됩니다. 예수님께서 부활하신 후 기독교 초창기 시절에 가장 심각한 위기는 예수 그리스도에 대해서 올바른 이해가 없었다는 점입니다. 성자 예수님이 성부 하나님보다 낮은 위치인지, 혹은 같은 신성을 지녔지만 성부 하나님께 종속되는지에 대해서 수많은 논쟁이 있었습니다. 이러한 논쟁이 기원 후 3-4세기에 와서도 명확하게 규정된 채 마무리되지 않았습니다.

이 문제를 해결하기 위해서 교회의 공적인 회의가 소집이 되었고, 그 회의에서 공적인 신조가 만들어졌습니다. 니케아 신조(325년)와 콘스탄티노플 신조(381년)입니다. 니케아-콘스탄티노플 신조의 핵심은 "성부 하나님과 성자 예수님이 동일한 본질을 지니셨다"는 것입니다. 나아가서 충분한 설명은 없지만, 이 신조에서 성령 하나님 역시 동일한 신성을 지닌 분으로 고백되었습니다.

니케아-콘스탄티노플 공의회에서는 삼위일체에 대해서 다음과 같은 신조를 제정하였습니다. "한 하나님이신 성부와 성자와 성령께서는 함께 영원하시고(Co-eternal), 함께 동등하시며(Co-equal), 함께 같은 본질(Co-substantial)을 지니신 분이시다. 삼위는 세 구별된 위격으로서 일체적 연합을 이루어 존재하시며 사역하신다."

이후의 기독교 역사에서 니케아-콘스탄티노플 신조는 삼위일체론에 있어서 중요한 이정표가 됩니다. 이후에 중세와 종교개혁 시대와 근대와 현대에 이르기까지, 전체 교회의 공적인 회의들에서 여러 차례 삼위일체론을 다루긴 했지만, 근본적으로 '니케아-콘스탄티노플 신조'의 방향을 벗어나지 않았습니다. 고대 교회에서 처음 제정된 삼위일체론에 대한 정의가 현대까지 지켜지면서, 한 번도 기독교 신조의 핵심 위치를 잃어버리지 않았던 것입니다. 이것을 보면서 우리는 삼위일체론이 다양한 교파들('개신교', '가톨릭', '동방정교회', '성공회' 등)로부터 그 정당성을 인정받았다는 것을 알게 됩니다. 역

사 속의 수많은 교회들이 삼위일체론을 성경적인 교리로 수용을 했다는 것
입니다.

따라서 우리는 결론적으로 다음과 같이 얘기할 수 있습니다. "삼위일체론
은 성경적으로, 교리적으로, 체험적으로 타당성을 가진 교리이다."

역사적으로 모든 교회가 삼위일체 교리를 수긍하고 받아들였습니다. 이 사
실이 주는 중요한 교훈이 무엇인가요?

삼위일체론은 오랜 시간을 거쳐서 형성된 교리입니다. 즉 우리 인간이 하나
님이 '삼위일체로 존재하시고 활동하시는 분이심'을 알게 되기까지 오랜 시
간이 걸렸습니다. 따라서 다음과 같이 얘기할 수 있습니다. '하나님 존재와
활동을 올바르게 알아가기 위해서는 시간이 필요하다.' 이 명제가 우리 신
앙인들에게 던져주는 메시지가 무엇인가요?

④ 삼위 하나님의 일체적 사역(the Unified Work)

삼위 하나님은 하나로 존재하시면서 역사 속에서 여러 사역들을 일체적
으로 감당해 오셨습니다. 첫째 '창조의 사역'을 감당하셨습니다. 성부께서는
'말씀으로 빛이 있으라'고 선언하시면서, 창조 사역을 시작하셨습니다. 또한
'태초에 말씀(예수 그리스도)이 계셨다'(요 1:1)는 요한복음 기자의 증언처
럼, 예수님도 모든 만물 이전에 계시면서 창조 사역에 함께 하셨습니다. 그
리고 성령께서는 혼돈과 흑암 위에 운행하시면서 피조 세계에 질서를 불어

넣으셨습니다. 이처럼 성부와 성자와 성령 세 위격은 각기 고유한 역할을 감당하면서도 창조 사역을 일체적으로 수행하시면서 온 우주가 조화롭고 목적 있는 질서 아래 세워지게 하셨습니다.

둘째 '섭리와 보존의 사역'을 감당하셨습니다. 성부께서는 만물을 향한 선하신 계획을 세우시고, 그 계획이 역사를 통해서 이루어지도록 주권적으로 섭리하십니다. 또한 "그(예수 그리스도)가 만물보다 먼저 계시고 만물이 그 안에 함께 섰느니라"(골 1:17)는 바울의 선언처럼, 예수님도 모든 존재를 지속해서 붙드시면서 보존하는 사역을 감당하십니다. 그리고 성령께서는 창조된 모든 피조물 속에 내주하셔서 그 생명과 질서가 유지되도록 능동적으로 역사하십니다. 이처럼 성부와 성자와 성령 세 위격은 각기 고유한 역할을 수행하시면서, 섭리와 보존의 사역을 일체적으로 감당하며 우주의 조화를 이루어 가십니다.

셋째 '구속의 사역'을 감당하셨습니다. 성부께서는 구원의 계획을 세우시고 독생자를 세상에 보내심으로, 죄인 된 인간의 대속을 이루실 뜻을 밝히셨습니다. 또한 성자께서는 성육신하셔서 우리 죄를 대신 지시고 십자가에서 죽으심으로 화목 제물이 되셨고, 부활하셔서 사망 권세를 파하시고 영원한 생명의 길을 열어주셨습니다. 그리고 성령께서는 이 구속의 은혜를 믿는 자의 마음에 적용하시고 죄에서부터 해방시켜서 그에게 새 생명을 부어 주십니다. 이처럼 성부와 성자와 성령 세 위격은 각기 고유한 역할 속에서 구속의 사역을 일체적으로 수행하시면서 인간의 구원을 온전히 이루어 가십니다.

삼위 하나님이 일체적으로 하신 사역 중에서 어떤 부분을 더 깊이 묵상하고 싶으신가요?

① 창조 사역을 묵상하고 싶다. 우주와 나를 목적 있게 지으신 하나님의 손길을

② 섭리와 보존 사역을 묵상하고 싶다. 오늘도 세상을 붙드시고
　인도하시는 하나님의 섭리를
③ 구속 사역을 묵상하고 싶다. 십자가와 부활로 완성된 구원의 은혜를
④ 성령의 적용 사역을 묵상하고 싶다. 나에게 구원의 은혜를 깨닫게 하신
　성령의 조명의 은혜를

지금까지 "성부 하나님 이야기"라는 주제로 성경 공부를 하였습니다. 성경 공부를 통해서 깨달은 점이나 마음에 남은 은혜나 새롭게 얻은 통찰을 간단하게 적어 보시기 바랍니다. 이 기록이 앞으로 하나님과 함께 걸어갈 믿음의 여정을 새롭게 준비하는 소중한 흔적이 될 것입니다.

예시

삼위일체 하나님에 대한 깊이 있는 배움이 나의 신앙의 기초를 더욱 든든하게 세워주는 시간이었습니다. 성부·성자·성령께서 각기 다른 사역을 감당하시면서도 하나 되셔서 역사하신다는 사실이 큰 감동으로 다가왔습니다. 앞으로도 성경을 더 폭넓게 읽으면서 삼위 하나님과 인격적인 관계를 더욱 깊이 누리며 살고 싶습니다.

성자 예수님 이야기

7과. 성자 예수님 이야기(1)

1. 예수님은 어떤 분이신가?
   ① 성육신하신 예수님
   ② 신성과 인성을 함께 지니신 예수님
2. 십자가에 달려 죽으신 예수님
   ① 인간을 위한 대속의 죽음
   ② 인간의 속량을 위한 죽음
   ③ 하나님과 인간의 화해를 위한 죽음

7과. 성자 예수님 이야기(1)

학습 포인트

1. 예수님의 성육신이 갖는 성경적 의미와 목적을 바르게 알게 한다.
2. 예수님이 신성과 인성을 함께 지니신 분이신 것을 성경을 통해서 확인한다.
3. 예수님의 십자가 죽음의 대속·속량·화해의 의미를 신앙적으로 정리한다.
4. 삶 속에서 예수님을 따르며 고난과 섬김의 본을 실천하려는 태도를 갖게 한다.

기독교의 중심에 예수님께서 계십니다. 성경은 예수님에 대한 믿음이 영생과 멸망을 좌우한다고 분명히 말씀하고 있습니다. "하나님이 세상을 이처럼 사랑하사 독생자를 주셨으니 이는 그를 믿는 자마다 멸망하지 않고 영생을 얻게 하려 하심이라"(요 3:16). 신자들은 나의 믿음을 확고하게 하기 위해서 '예수님이 누구신지'와 '예수님이 십자가에 달려 죽으신 것이 어떤 의미를 갖는지'를 반드시 알아야 합니다. 예수님에 대한 진리를 이해하고 받아들일 때 믿음을 확고하게 세우면서 주어진 삶을 능동적으로 살아갈 수 있습니다. 성경을 묵상하고 신학을 상고하면서 예수님의 인격과 사역을 깊이 알아가는 여정을 즐거운 여정으로 여기게 됩니다. 성자 예수님을 바로 아는 지식 위에 세워진 믿음은 흔들리지 않는 삶의 기초가 되어서, 신자를 참된 구원과 소망으로 이끌어 줍니다.

1. 예수님은 어떤 분이신가?(Jesus Christ)

① 성육신하신 예수님(Incarnation)

성육신 사건은 성자 예수님께서 인간의 몸을 입고 이 땅에 오신 사건을 가리킵니다. 성육신 사건을 통해서 하나님은 인간의 연약함과 고통을 온전히 경험하시며 인간과 깊이 연합하시고자 하셨습니다. 이 땅에 오신 예수님께서 실제로 인간의 한계와 약점을 체험하심으로 하나님과 인간 사이에 신비로운 연합을 이루셨습니다. 예수님은 이 땅에서 우리와 같은 육신을 입고 사셨지만, 죄가 없으신 완전함에 기반해서 구원의 길을 여셨습니다. 성육신 사건은 단순히 역사적 사건을 넘어서 신학적으로도 깊은 숙고를 요구하는 본질적인 진리입니다.

성육신 사건은 인간의 이성을 초월한 생물학적 신비의 사건입니다. 그러므로 우리는 성육신 사건과 관련해서 '이 사건이 과연 과학적으로 가능한가'(성육신의 가능성)를 묻기보다는, '왜 성자 예수님께서 성육신하셔야 했는가'(성육신의 목적)에 주목해야 합니다. 성경은 예수님께서 성육신하신 목적을 몇 가지로 소개합니다.

ⓐ 구약의 예언을 성취하시기 위해서
(Fulfillment of Old Testament Prophecies)

예수님은 구약의 예언을 성취하시기 위해서 이 땅에 오셨습니다.

[이사야 7:14]
"그러므로 주께서 친히 징조를 너희에게 주실 것이라
보라 처녀가 잉태하여 아들을 낳을 것이요
그의 이름을 임마누엘이라 하리라"

"보라 처녀가 잉태하여 아들을 낳을 것이다. 그의 이름을 임마누엘이라 하리라." 메시야의 처녀탄생을 예언하는 말씀입니다. 기원전 8세기경의 이 예언의 말씀이 700년 후에 예수님의 성육신 사건을 통해서 성취되었습니다. 마태복음 기자는 이 예언의 성취를 다음과 같이 기록합니다.

[마태복음 1:22-23]
"22 이 모든 일이 된 것은

이사야서 말씀과 마태복음 말씀을 통해서 우리는 예수님께서 성육신하신 목적을 알 수 있습니다. 예수님은 구약 예언을 성취하기 위해서 이 땅에 인간의 몸을 입고 오셨습니다. 예언이 정확히 이루어졌다는 사실은 우리를 하나님의 주권과 성경을 신뢰하도록 이끕니다. 또한 예수님의 이름 '임마누엘'은 하나님께서 예수님 안에서 우리 인간과 함께 계신다는 위로와 소망의 메시지를 담고 있습니다. 구약의 예언이 신약에서 성취되었음을 묵상할 때, 신자는 하나님의 신실하심을 신뢰하게 됩니다.

ⓑ 잃어버린 자를 구원하시기 위해서(to Save)

예수님은 잃어버린 자를 구원하시기 위해서 이 땅에 오셨습니다.

[누가복음 19:10]
"인자가 온 것은 잃어버린 자를 찾아 구원하려 함이니라"

예수님께서 삭개오에게 하시는 말씀으로, 예수님께서 성육신하신 목적을 잘 가르쳐 주고 있습니다. 예수님이 이 땅에 오신 목적은 잃어버린 인간을 구원하시기 위함입니다. 우리 인간을 구원하시기 위해서, 친히 낮고 낮은 이 땅에 비천한 인간의 몸을 입고 오셨습니다. 예수님은 삭개오 뿐만 아니라 모든 죄인에게 회개의 기회를 주시고, 새 생명으로 거듭나게 하시는 은혜를 베푸셨습니다. 잃어버린 자들의 실존과 슬픔과 아픔과 연약함을 친히 체험하시면서 그들의 상처를 감싸 안으셨습니다. 예수님의 성육신 사건을 묵상할 때, 우리는 그분의 사랑 안에서 회개와 변화의 은혜를 경험하며 새로운 생명으로 거듭 나아가게 됩니다.

ⓒ 고난을 통해서 삶의 모범이 되시기 위해서(Role model)

예수님은 고난을 통해서 삶의 모범이 되시기 위해서 이 땅에 오셨습니다.

[베드로전서 2:21]
"이를 위하여 너희가 부르심을 받았으니
그리스도도 너희를 위하여 고난을 받으사
너희에게 본을 끼쳐 그 자취를 따라오게 하려 하셨느니라"

예수님께서 성육신하신 목적을 잘 가르쳐 주는 말씀입니다. "그리스도께서 너희를 위하여 고난을 받으사 너희에게 본을 끼쳐 그 자취를 따라오게 하려 하셨다." 베드로의 가르침대로 예수님은 고난을 통해서 삶의 모범이 되시기 위해서 이 땅에 친히 오셨습니다. 예수님은 고난의 순간에도 기도와 말씀으로 하나님과 깊은 교제를 유지하셨습니다. 고난의 순간에도 순종과 사랑으로 자신의 사명을 완수하셨습니다. 예수님은 고난을 회피하지 않는 용기와 하나님을 향한 절대적 신뢰를 가지고 계셨습니다. 우리도 예수님의 발자취를 따르면서, 고난 가운데서도 믿음을 놓지 않아야 합니다. 고난은 성도를 성숙한 믿음으로 이끄는 도구입니다.

함께 나누어요 ❶

예수님처럼 잃어버린 자를 구원하겠다는 마음을 가지려면, 우리에게 어떤 태도가 필요할까요?

① 주변 사람들의 형편과 필요에 관심을 기울인다.
② 모든 사람을 존중하면서 편견 없이 대한다.
③ 말보다 행동으로 사랑을 보여준다.
④ 기도하면서 전도의 기회를 적극적으로 찾는다.

② 신성과 인성을 함께 지니신 예수님(Divine and Human Natures)

 ⓐ 예수님의 신성(Deity)

　예수님의 신성은 기독교 신앙의 핵심적인 교리 중 하나로서, 그분이 참 하나님이심을 이해하는 핵심 키(key)가 됩니다. 예수님의 신성에 대한 앎은 우리의 믿음과 예배에 지대한 영향을 끼칩니다. 성경은 다양한 맥락을 통해서 예수님을 하나님의 본체이자 영원한 존재로 드러냅니다. 성경을 통해서 예수님이 신성을 지니신 분이심을 알게 되면서, 우리는 그분의 위엄과 능력을 깊이 깨닫게 됩니다. 성경이 예수님의 신성을 어떻게 가르쳐주고 있을까요?

　ⓝ 시간이 시작되기 전부터 존재하셨던 예수님
　　(existed before time began)

[미가 5:2]
"베들레헴 에브라다야 너는 유다 족속 중에 작을지라도
이스라엘을 다스릴 자가 네게서 내게로 나올 것이라
그의 근본은 상고에, 영원에 있느니라"

　미가 선지자가 메시야의 기원이 어디에 있는지를 가르쳐 주고 있습니다. "그의 근본은 상고에 영원에 있다." '그의 근본'의 히브리어 모차아(ha;x;/m)는 '그분의 출처'를 가리킵니다. 그분('메시야', '예수 그리스도')의 출처가 '시간'에 있지 않고, '상고와 영원에 있다'고 말씀합니다. 그분이 시간의 영역이 아니라 영원의 영역에 속하심을 가르쳐주고 있습니다. 미가 선지자의 가르침대로 예수님은 시간에 예속되지 않는 분입니다. 인간 역사를 초월하는 신성과 영원성을 지니신 분입니다. 이 진리를 묵상할 때, 우리는 예수님께서 우리 삶의 모든 순간을 주관하시는 전능하신 분이심을 알게 됩니다. 흘러가는 시간과 주어지는 상황에 영향을 받으면서도, 그분의 영원한 품 안에서 참된 안식을 누릴 수 있습니다.

　ⓛ 창조 사역을 감당하신 예수님(Work of Creation)

[골로새서 1:16]
"만물이 그(예수 그리스도)에게서 창조되되
하늘과 땅에서 보이는 것들과 보이지 않는 것들과
혹은 왕권들이나 주권들이나 통치자들이나 권세들이나
만물이 다 그로 말미암고 그를 위하여 창조되었고"

'만물이 그에게서 창조되었다.' '만물이 다 그로 말미암고 그를 위하여 창조되었다.' 바울이 예수님께서 창조 사역을 감당하신 분이신 것을 선언하고 있습니다. 바울의 선언처럼, 예수님은 '구원자'이시면서, 만유의 근원이 되시는 분이십니다. 만물의 창조는 인간의 영역이 아니라 신의 영역입니다. 신성을 지니신 예수님은 만물의 창조 사역을 감당하신 분입니다. 만물을 창조하신 후에도 모든 것을 유지하시고 보존하시는 주권자이십니다. 예수님의 창조 사역을 묵상할 때 우리는 그분의 능력이 무한함을 알게 됩니다. 또한 만물이 그를 위해서 창조되었다는 사실은 인간을 포함해서 모든 피조물이 예수 그리스도께로 방향을 맞추어야 함을 알게 합니다. 모든 피조물은 만물의 창조자이신 예수님께 합당한 영광을 돌려야 합니다.

ⓒ 성부 하나님과 동등한 권위를 지니신 예수님(Equal Authority)

[요한복음 10:27-30]
"27 내 양은 내 음성을 들으며 나는 그들을 알며
그들은 나를 따르느니라
28 내가 그들에게 영생을 주노니 영원히 멸망하지 아니할 것이요
또 그들을 내 손에서 빼앗을 자가 없느니라
29 그들을 주신 내 아버지는 만물보다 크시매
아무도 아버지 손에서 빼앗을 수 없느니라
30 나와 아버지는 하나이니라 하신대"

예수님의 말씀입니다. 그 자리에 예수님의 음성을 듣고 따르는 제자들과 신자들과 유대교 청중들이 함께 있었습니다. 예수님께서 '내 아버지는 만물

보다 크시매 아무도 아버지 손에서 빼앗을 수 없다'고 하시면서, '나와 아버지는 하나'라고 선언하십니다. 당신의 신적 지위를 여러 사람 앞에서 공적으로 선언하신 것입니다. 이 말씀을 통해서 우리는 예수님께서 성부 하나님과 동등한 권위를 지니셨음을 알게 됩니다. 신성을 지니신 예수님은 성부 하나님과 동등한 권위를 지니신 분입니다. 이 진리를 붙잡는 신자들은 어떤 상황에서도 흔들리지 않는 믿음의 소유자가 됩니다. 신자는 예수님의 절대적 권위를 신뢰하면서, 매일의 삶 속에서 담대하게 그분의 발자취를 따라가는 사람들입니다.

함께 나누어요 ❷

예수님의 신성을 묵상할 때, 나의 삶에 새롭게 다가오는 도전이나 변화에 무엇이 있을까요?

① 시간과 상황을 주관하시는 예수님을 믿고 불안한 마음을 떨쳐버린다.

② 만물을 창조하신 예수님께서 내 삶도 세밀히 다스리심을 믿고 감사한다.

③ 성부와 동등한 권위를 지니신 예수님께 순종하겠다고 다짐한다.

④ 모든 순간에 예수님이 주권자이심을 기억하며 담대하게 살아간다.

ⓑ 예수님의 인성(Perfect Humanity)

㉠ 여자에게서 태어나신 예수님(Born of a Woman)

[갈라디아서 4:4]
**"때가 차매 하나님이 그 아들을 보내사 여자에게서 나게 하시고
율법 아래에 나게 하신 것은"**

예수님의 인성에 대해서 가르쳐 주는 말씀입니다. "하나님이 그 아들을 여자에게서 나게 하셨다." 예수님은 평범한 다른 인간들처럼 여자에게서 태어

나신 분입니다. 이 말씀을 통해서 우리는 예수님이 우리 인간과 똑같은 인성을 지니셨음을 알 수 있습니다. 하지만 그분의 인성은 죄와 상관이 없는 '완전한 인성'입니다. 예수님께서 여자에게서 태어나셨다는 단순한 이 사실은 신자에게 예수님의 사역이 더욱 현실감 있게 다가오도록 만듭니다. 우리는 예수님께서 몸소 살아내신 인간으로서의 삶을 묵상하고 상고하면서, 그분과 더욱 친밀한 교제를 나눌 수 있습니다.

ⓒ 평범한 어린 시절을 보내신 예수님(Ordinary Childhood)

[누가복음 2:52]
"예수는 지혜와 키가 자라가며
하나님과 사람에게 더욱 사랑스러워 가시더라"

예수님의 어린 시절의 성장 과정을 소개하는 말씀입니다. 부모인 요셉과 마리아가 소년 시절의 예수님에게 하나님의 말씀과 세상 지혜를 함께 가르치는 평범한 가정교육을 통해서 신앙적인 뿌리를 깊이 내리게 하였습니다. 예수님은 평범한 가정 안에서 부모의 보살핌과 훈련을 통해서 지혜를 배우며 성장하셨습니다. 그렇게 예수님은 지혜와 키가 자라가면서, 하나님과 사람에게 더욱 사랑받는 어린 시절을 보내셨습니다. 다른 아이들처럼 평범한 어린 시절을 보내신 예수님은 우리 인간과 똑같은 인성을 지니신 분이십니다.

소년 시절의 예수님이 사람들에게도 사랑을 받으신 것은 그분의 인성이 다른 사람들과의 건강한 관계 속에서 온전히 발현되었기 때문입니다. 여기서 우리는 '하나님의 말씀'과 '세상의 지혜'가 조화롭게 공존해야 함을 알게 됩니다. 신자는 자녀들이 말씀을 묵상하고 지혜를 추구하며 공동체 안에서 건강한 관계 형성이 이루어지게끔 자녀를 양육해야 합니다. 가정과 교회와 학교가 함께 협력하여 말씀과 삶의 지혜를 가르치고 전수하는 것이 자녀의 신앙 성장의 핵심입니다.

ⓒ 인간으로서의 여러 제한들을 겪으신 예수님(Limitations)

[마태복음 4:2]
"사십일을 밤낮으로 금식하신 후에 주리신지라"

[마태복음 8:24]
"바다에 큰 놀이 일어나 배가 물결에 덮이게 되었으되
예수께서는 주무시는지라"

[요한복음 4:6]
"거기 또 야곱의 우물이 있더라
예수께서 길 가시다가 피곤하여 우물 곁에 그대로 앉으시니
때가 여섯 시쯤 되었더라"

[요한복음 11:35]
"예수께서 눈물을 흘리시더라"

[요한복음 19:28]
"그 후에 예수께서 모든 일이 이미 이루어진 줄 아시고
성경을 응하게 하려 하사 이르시되 내가 목마르다 하시니"

인간으로서 여러 제한들을 겪으신 예수님을 소개하는 말씀들입니다. 예수님은 금식하신 후에 배고픔을 느끼셨습니다. 몹시 피곤해서 배 안에서 주무셨습니다. 길을 가시다가 피곤해서 그 자리에 주저앉으셨습니다. 사랑하는 이의 죽음 앞에서 눈물을 흘리기도 하셨습니다. 십자가에 매달리신 채로 몹시 목이 타는 고통도 겪으셨습니다. 예수님은 우리와 똑같이 여러 가지로 인간으로서의 제한성을 겪으셨습니다. 그분은 배고픔과 피로와 슬픔과 갈증을 체험하시면서, 우리의 모든 고통과 필요를 이해하셨습니다. 인간으로서의 여러 제한들을 겪으신 예수님을 묵상할 때 우리는 영광의 왕이신 그분이 우리의 고통 속으로 들어오셨음을 깨닫게 됩니다. 이 깨달음을 가지고 우리의 믿음의 여정이 연약함에서 강함을 향해서 나아가는 여정이 되기를 소망합니다.

2. 십자가에 달려 죽으신 예수님(died on the Cross)

지금까지 예수님이 어떤 분이신지를 살펴봤습니다. 계속해서 십자가에 달려 죽으신 예수님에 대해서 살펴보겠습니다. 예수님은 이 땅에서 여러 가지 일들을 감당하셨습니다. 다른 아이들처럼 평범한 어린 시절을 보내신 후에 제자들을 모아서 '공생애'(공적인 사역)를 시작하셨습니다. 공생애 중에 하나님의 나라를 선포하셨고, 귀신 들린 자와 질병으로 고통당하는 자를 고쳐주셨으며, 가난한 사람들에게 먹을 것을 주셨습니다. 사도 요한(John the Apostle)은 공생애 기간 중에 예수님께서 이 땅에서 엄청나게 많고 다양한 일들을 하셨다고 기록합니다(요 21:25). 예수님께서 행하신 여러 사역들은 십자가에서의 죽음에서 절정에 달합니다. 따라서 우리는 예수님의 십자가 죽음이 어떤 의미를 갖는지를 알아야 합니다.

① 인간을 위한 대속의 죽음(Atoning Death)

예수님의 십자가 죽음은 인간을 위한 '대속'의 의미를 갖습니다.

[마가복음 10:45]

"인자가 온 것은 섬김을 받으려 함이 아니라 도리어 섬기려 하고 자기 목숨을 많은 사람의 대속물로 주려 함이니라"

예수님께서 제자들에게 주시는 말씀입니다. 예수님께서 '당신의 목숨을 많은 사람을 위한 대속물로 주겠노라'고 말씀하십니다. 대속물의 헬라어 뤼트론(luvtron)은 '석방금'(price of release)의 의미를 갖습니다. '몸값을 지불하고 누군가를 해방시킨다'는 뜻입니다. 예수님의 이 몸값은 인간의 죄의 값을 대신 지불하시는 사랑의 몸값입니다. 이 대속의 진리는 우리에게 신자가 더 이상 죄의 종이 아니며, 새로운 자유 안에서 살아갈 권리를 얻었음을 알도록 합니다. 나아가서 예수님의 대속의 사역은 신자에게 나 자신을 내어주는 섬김과 사랑의 본을 보여줍니다. 예수님의 대속의 죽음은 우리로 하여금 그 사랑 안에서 자유롭게 살며, 그 사랑을 세상에 흘려보내도록 합니다.

② 인간의 속량을 위한 죽음(Death as a Ransom)

예수님의 십자가 죽음은 인간을 위한 '속량'의 의미를 갖습니다.

[골로새서 1:14]
"그 아들 안에서 우리가 속량 곧 죄 사함을 얻었도다"

"그 아들 안에서 우리가 속량 곧 죄사함을 얻었다." 신자들에게 예수님의 죽으심은 '속량, 죄사함'의 의미를 갖습니다. 속량의 헬라어 아폴뤼트로시스(ajpoluvtrwsi")는 '구속'(redemption)과 '구조'(deliverance)와 '해방'(release)의 의미를 갖습니다. 신자는 그리스도 예수로 인해서 구속되고 구조되었으며 해방된 사람입니다. 예수님의 속량 사역은 우리의 죄값을 대신 지불하심으로 하나님과의 관계를 회복시키는 능력을 갖습니다. 그분은 죄의 권세 아래 갇혔던 인간들을 자유롭게 하시면서, 영적인 형제와 자매로 하나가 되도록 하셨습니다.

속량의 은혜는 단순한 선언이 아니라, 교회 공동체 안에서 실제로 누려야 할 현실입니다. 이 은혜를 받은 신자는 더 이상 죄에 종노릇하지 않고, 의와 거룩함을 추구하는 삶을 살아야 합니다. 신앙인들은 '속량'의 의미를 깊이 묵상하면서, 감사와 찬양의 삶을 살아야 하는 사람들입니다.

하나님의 아들이신 예수님을 십자가에 달려 돌아가시게 할 만큼 죄는 무서운 파괴력을 가지고 있습니다. 성경이 얘기하는 죄의 기준이 무엇인가요?

③ 하나님과 인간의 화해를 위한 죽음(Death as a Reconciliation)

예수님의 십자가 죽음은 하나님과 인간 사이의 '화해'의 의미를 갖습니다.

[로마서 5:10]
"곧 우리가 원수 되었을 때에 그의 아들의 죽으심으로 말미암아
하나님과 화목하게 되었은즉 화목하게 된 자로서는
더욱 그의 살아나심으로 말미암아 구원을 받을 것이니라"

예수님의 죽으심이 하나님과 인간 사이의 화해를 위한 죽음인 것을 가르쳐 주는 말씀입니다. "그의 아들의 죽으심으로 말미암아 하나님과 화목하게 되었다." '화목되었다'의 헬라어 카탈랏소(katallavssw)는 '쌍방 간에 화해가 되었다'는 의미를 갖습니다. 예수님의 십자가 죽음은 화해의 의미를 갖습니다. 십자가 사건은 하나님과 죄인된 우리 인간 사이에 '화해'(새로운 교제)를 가져온 사건입니다. 예수님은 십자가에서 우리와 하나님 사이의 깊은 간극을 메우시고, 사랑의 관계를 이루셨습니다. 이 화해는 인간 스스로는 성취할 수 없는 것으로서, 전적으로 그리스도의 죽음의 사역에 근거합니다. 하나님과 화해를 이룬 신자는 하나님의 자녀라는 새로운 신분을 갖습니다. 예수님의 화해의 사역은 신자의 삶 속에서 누군가를 용서하고 화해하는 능력으로 구체적으로 드러납니다.

예수님께서 죽으심으로 하나님과 화해하게 되었다는 사실이 나를 어떻게 바꾸었나요?

① 하나님 앞에서 감사와 감격이 커졌다.

② 죄를 가볍게 여기지 않고 멀리하게 되었다.

③ 하나님과의 관계를 소중하게 여기고 싶어졌다.

④ 이 화해의 소식을 다른 사람에게 전하고 싶어졌다.

지금까지 "성자 예수님 이야기"라는 주제로 성경 공부를 하였습니다. 성경 공부를 통해서 깨달은 점이나 마음에 남은 은혜나 새롭게 얻은 통찰을 간단하게 적어 보시기 바랍니다. 이 기록이 앞으로 하나님과 함께 걸어갈 믿음의 여정을 새롭게 준비하는 소중한 흔적이 될 것입니다.

예시

예수님께서 신성과 인성을 모두 지니신 분이라는 사실이 나의 믿음을 더욱 든든하게 세워주는 기초가 되었음을 느꼈습니다. 특히 십자가의 대속과 화해의 의미를 되새기면서, 하나님의 은혜에 감사하는 마음이 깊어졌습니다. 앞으로도 예수님의 삶과 죽음을 본받아, 그분의 사랑과 용서를 전하는 증인의 삶을 살아가고 싶습니다.

성경 공부를 통해서 얻은 통찰 메모하기

성자 예수님 이야기

8과. 성자 예수님 이야기(2)

1. 죽음에서 부활하신 예수님

　① 예수님의 부활에 대한 성경의 증거들

　② 예수님의 부활의 의미

2. 부활-승천하신 예수님

　① 하나님 보좌 우편에 계신 예수님

　② 하늘 보좌에서 성도들을 위해서

　　간구하시는 예수님

8과. 성자 예수님 이야기(2)

예수님의 부활은 기독교 신앙의 중심으로서, 죽음을 이기신 승리의 사건입니다. 무덤의 암흑을 뚫고 부활하신 예수님은 죄와 사망의 권세를 이기시고 승리를 선포하셨습니다. 부활 사건은 단순한 기적이 아니라, 예수님께서 하나님의 아들로서 승리하셨음을 증명하는 사건입니다. 이 진리를 믿는 자들은 살아계신 주님과 영원히 생생한 교제를 누리게 됩니다. 또한 예수님의 부활은 신자에게 새로운 피조물로서의 변화를 약속합니다. 부활의 능력은 신자에게 어려움과 고난을 이기는 용기와 소망을 갖게 합니다. 죽음 권세를 이기신 예수님을 신뢰하고 의지할 때, 우리도 일상의 어려움을 극복하면서 승리의 삶을 살아갈 수 있습니다. 나아가서 부활의 진리는 교회 공동체로 하여금 부활의 증인이 되어서 세상에 빛과 소금을 전하는 사명을 감당하도록 합니다.

이제 성경과 복음적인 신학에 기반해서 '죽음에서 부활하신 예수님'과 '부활-승천하신 예수님'을 살펴보겠습니다.

1. 죽음에서 부활하신 예수님(rose from the Dead)

① 예수님의 부활에 대한 성경의 증거들(Biblical Evidences)

성경은 예수님의 부활 사건을 다양하고 생생하게 기록하고 있습니다. 성경은 부활의 사실성을 가르쳐 줌으로써, 우리의 믿음이 허상이 아니라 확실한 사실 위에 서도록 이끕니다. 이제 예수님의 부활에 대한 성경의 증거들을 살펴보겠습니다.

ⓐ 예수님의 빈 무덤(Empty Tomb)

[마태복음 28:6]
"그가 여기 계시지 않고 그가 말씀하시던 대로 살아나셨느니라
와서 그가 누우셨던 곳을 보라"

예수님의 빈 무덤에 대해서 소개하는 말씀입니다. 마리아와 예수님의 제자들이 예수님의 무덤을 찾아갔지만, 예수님의 시신을 찾을 수 없었습니다. 부활하셨기에 그곳에 계실 수 없었던 것입니다. 그런데 당시 사람들 중에서 누군가가 예수님의 시신을 다른 곳으로 옮긴 것이라고 의심하는 사람들이 있었습니다. 하지만 이러한 의심은 예수님께서 부활하신 후에 직접 제자들을 찾아오신 사건으로 인해서 반박됩니다. 십자가에 못 박혀서 죽임을 당하셨지만, 삼일 후에 다시 살아나셨기에 예수님의 무덤은 빈 무덤이 될 수밖에 없었습니다. 예수님의 빈 무덤은 예수님의 부활 사건이 역사적 사건임을 증명해 줍니다.

ⓑ 예수님 제자들의 담대한 복음 전도(bold Gospel Proclamation)

사도행전 2장에 예수님 제자들이 예루살렘 길거리 한복판에서 지나다니는 사람들에게 담대하게 복음을 전하는 장면이 나옵니다(행 2:22-36). '담대하게 복음을 전하는 제자들의 모습!' 이것은 전에 없던 새로운 모습입니다. 예수님께서 십자가에 달려서 돌아가실 때만 해도 제자들은 잔뜩 겁을 먹고 누군가의 집에 숨어있었습니다. 스승처럼 자기들도 죽임을 당하지 않을까 하는 두려움이 모든 제자들의 마음에 깊게 자리 잡고 있었습니다. 그렇게 두려

워하던 사람들이 몇 달이 채 지나지 않아서 담대하게 예수님을 하나님의 아들이라고 증언합니다. 어떻게 이렇게 바뀔 수 있었을까요? 제자들이 부활하신 예수님을 직접 만났기 때문입니다. 부활하신 예수님과 함께 하면서 당신이 십자가에 달려 죽었다가 다시 살아날 것이라는 스승의 말씀을 떠올립니다. 그러면서 담대하게 예수님을 증거하는 사람들로 바뀌었습니다. 이처럼 제자들의 담대한 복음 전도는 예수님의 부활 사건이 역사적 사건임을 증명해 줍니다.

ⓒ 수많은 사람들이 부활하신 예수님을 목격함(to Witness)

[고린도전서 15:3-8]
"3 내가 받은 것을 먼저 너희에게 전하였노니
이는 성경대로 그리스도께서 우리 죄를 위하여 죽으시고
4 장사 지낸 바 되셨다가 성경대로 사흘 만에 다시 살아나사
5 게바(베드로)에게 보이시고 후에 열두 제자에게와
6 그 후에 오백여 형제에게 일시에 보이셨나니
그중에 지금까지 대다수는 살아 있고 어떤 사람은 잠들었으며
7 그 후에 야고보에게 보이셨으며 그 후에 모든 사도에게와
8 맨 나중에 만삭되지 못하여 난 자 같은 내게도 보이셨느니라"

바울이 많은 사람들이 부활하신 예수님을 목격했음을 가르쳐 주고 있습니다. 부활하신 예수님은 베드로를 시작으로 열두 사도와 오백여 형제와 야고보와 모든 사도와 마지막에는 바울에게까지 나타나셨습니다. '수많은 사람들이 부활하신 예수님을 직접 목격한 것!' 이것은 개인적인 검증을 넘어서는 공동체적인 검증입니다. 공동체적인 검증으로 인해서 예수님의 부활 사건이 역사적인 사건이라는 것이 증명이 됩니다. 다양한 사람들의 목격담은 예수님의 부활이 단순한 신화나 전설이 아님을 보여줍니다. 바울의 이 증언은 예수님의 부활 사건을 확실한 역사적 사실로 받아들이도록 우리에게 확신을 줍니다.

예수님께서 부활하셨다는 증거가 공동체적으로 검증되었다는 사실이 왜 중요할까요?
① 예수님의 부활이 한 사람의 착각이나 거짓이 아니라는 확신을 주기 때문에
② 서로 다른 사람이 같은 사실을 증언하는 것이 신뢰도가 높기에
③ 예수님의 부활이 역사적 사실로서 무게와 설득력을 실어주기에
④ 오늘 우리의 믿음이 그 증언 위에 굳건히 설 수 있기 때문에

② 예수님의 부활의 의미(Meaning of Jesus' Resurrection)

예수님의 부활 사건은 죄와 사망의 권세를 이기신 승리의 사건입니다. 신자들에게 새로운 생명의 길을 열어주신 사건입니다. 이 사건은 단순한 기적을 넘어서 예수님께서 하나님의 아들로서 모든 사역을 완성하셨음을 증명하는 결정적인 표식입니다. 이제 예수님의 부활 사건이 신자들에게 어떤 의미를 지니는지를 살펴보겠습니다.

ⓐ 성도의 의로움을 확증하는 사건(Believer's Righteousness)

예수님의 부활은 성도의 의로움을 확증하는 사건입니다. 바울은 예수님께서 신자를 의롭게 하시기 위해서 부활하셨다고 선언합니다.

[로마서 4:25]
"예수는 우리가 범죄한 것 때문에 내줌이 되고
또한 우리를 의롭다 하시기 위하여 살아나셨느니라"

예수님의 부활은 단순한 생명 회복을 넘어섭니다. 부활 사건은 하나님께서 성도를 의롭다고 선언하신 것을 확증하는 사건입니다. 부활하신 예수님

께서 신자의 의로움의 근거이자 보증이 되십니다. 이 사실은 신자로 하여금
어떠한 상황에서도 하나님의 용서와 자비 아래 거하면서 담대하게 나아가게
만드는 확고한 믿음의 기반이 됩니다. 예수님의 부활을 묵상하면서 신자는
나를 의롭다고 인정해주신 하나님의 은혜에 깊이 감사해야 합니다. 삶 속에
서 의의 열매를 맺는 삶을 살아가야 합니다. 예수님의 부활은 성도의 의로움
을 확증하는 사건입니다.

예수님의 부활은 신자의 의로움의 근거가 됩니다. 예수님의 부활은 이천 년
전에 일어난 사건으로서, 이 부활의 사건을 믿음으로 신자들은 이미 의로워
진 사람들입니다. 그렇다면 이 땅에서 나의 의로움이 완전하다고 얘기할 수
있을까요?

ⓑ 성도의 새 생명의 예표(Believer's New Life)

예수님의 부활은 성도의 새 생명의 예표입니다.

[로마서 6:4]
"그러므로 우리가 그의 죽으심과 합하여 세례를 받음으로
그와 함께 장사되었나니
이는 아버지의 영광으로 말미암아
그리스도를 죽은 자 가운데서 살리심과 같이
우리로 또한 새 생명 가운데서 행하게 하려 함이라"

바울이 예수님의 부활의 의미를 가르쳐주고 있습니다. "그리스도를 죽은
자 가운데서 살리심과 같이 우리로 또한 새 생명 가운데서 행하게 하려 함이
라." 하나님께서 십자가에서 돌아가신 예수님을 살리신 것처럼, 성도들에게
도 새 생명을 주신다고 합니다. 예수님의 부활은 단순히 과거의 사건에 국한

되는 것이 아니라, 우리를 위한 새 생명의 보증입니다. 이 새 생명 주어짐이 죄의 권세에서 해방되어 의와 거룩함을 추구하는 삶을 살도록 우리를 변화시킵니다. 성령께서 우리 안에 거하심으로, 부활의 능력이 우리의 매일의 일상에서 실제적인 경험이 됩니다. 이처럼 예수님의 부활은 우리의 신앙 여정을 힘차게 걸어가게 이끄는 실제적인 능력으로서, 성도의 새 생명의 예표입니다.

ⓒ 성도의 몸의 부활의 보증(Believer's Bodily Resurrection)

예수님의 부활은 성도의 몸의 부활의 보증이 됩니다.

[고린도전서 15:20-21]
"20 그러나 이제 그리스도께서 죽은 자 가운데서 다시 살아나사
잠자는 자들의 첫 열매가 되셨도다
21 사망이 한 사람으로 말미암았으니
죽은 자의 부활도 한 사람으로 말미암는도다"

20절에 "예수님께서 다시 살아나사 잠자는 자들의 첫 열매가 되셨다"는 것은 장차 모든 신자들이 예수님처럼 몸의 부활을 경험하게 된다는 말씀입니다. 예수님께서 죽은 자 가운데서 부활하신 것처럼, 그분과 연합한 신자들도 죽음 후에 장차 새 몸으로 부활합니다. 바울은 21절에서 이 사실을 거듭 반복합니다. "죽은 자의 부활도 한 사람으로 말미암는다."

바울의 가르침대로 예수님의 부활로 인해서 죽었던 신자들의 몸도 언젠가 부활을 하게 됩니다. 신자들의 몸의 부활의 근거가 예수님의 부활에 있습니다. 그렇기 때문에 신자는 죽음 앞에서도 담대할 수 있습니다. 죽음이 마지막이 아니기 때문입니다. 성도들의 몸의 부활은 하나님의 능력이 이루어지는 최종 순간입니다. 예수님의 부활이 성도들의 몸의 부활을 보증합니다.

누군가가 죽었을 때, 그 죽음은 육체(몸)의 죽음에 해당됩니다. 기독교 신학은 죽음 이후에도 인간 영혼이 살아있다고 얘기합니다. 여기서 죽음 시 '계속 존재하는 인간 영혼'과 '생물학적 죽음에 처한 인간의 육체' 사이에 단절이 생깁니다. 죽음 시 생겨나는 이러한 단절을 우리가 어떻게 이해해야 할까요?

2. 부활-승천하신 예수님(resurrected and ascended)

성경은 예수님께서 부활하셔서 하늘로 올라가신 사실을 기록하고 있습니다(행 1:1-9). 여기서 우리는 이런 궁금증을 갖게 됩니다. 부활-승천하신 예수님이 지금 어디에 계시는가? 지금은 무엇을 하고 계시는가? 이 물음들에 대해서 성경은 명확한 답변을 주고 있습니다.

① 하나님 보좌 우편에 계신 예수님(the right hand of God's throne)

부활-승천하신 예수님은 지금 하나님 보좌 우편에 계십니다.

[에베소서 1:20-21]
"20 그(성부 하나님)의 능력이 그리스도 안에서 역사하사
죽은 자들 가운데서 다시 살리시고
하늘에서 자기의 오른편에 앉히사
21 모든 통치와 권세와 능력과 주권과 이 세상뿐 아니라
오는 세상에 일컫는 모든 이름 위에 뛰어나게 하시고 "

20절에서 "성부 하나님께서 능력으로 부활하신 예수님을 하늘에서 자기의 우편에 앉히셨다"고 선언합니다. 바울의 선언처럼 부활-승천하신 예수님은 하나님의 보좌 우편에 앉아 계십니다. 예수님께서 하나님의 오른편에 앉으

셨다는 것은 이 땅에서의 그분의 사역이 완성되었다는 의미를 갖습니다. 하나님의 보좌는 만물을 통치하고 다스리는 자리로서, 예수님은 지금 하나님의 보좌 우편에 앉으셔서 만물을 다스리고 계십니다. 하늘 보좌 우편에서 장차 모든 만물이 당신의 충만하신 영광 안으로 들어오도록 주권적인 섭리를 행사하고 계십니다. 신자는 예수님의 다스림을 신뢰하면서, 소망과 평안을 누리는 사람입니다.

② 하늘 보좌에서 성도들을 위해서 간구하시는 예수님(to Intercede)

부활-승천하신 예수님은 지금 하늘 보좌에서 성도들을 위해서 간구를 하고 계십니다.

[로마서 8:33-34]
"33 누가 능히 하나님께서 택하신 자들을 고발하리요
의롭다 하신 이는 하나님이시니
34 누가 정죄하리요 죽으실 뿐 아니라 다시 살아나신 이는
그리스도 예수시니 그는 하나님 우편에 계신 자요
우리를 위하여 간구하시는 자시니라"

바울은 부활-승천하신 예수님이 고난 가운데 있는 성도들을 위해서 간구하신다고 말씀합니다. '그리스도 예수께서 하나님 우편에서 우리를 위하여

간구하신다.' 그분의 중보기도는 신자들의 연약함을 하나님께 솔직히 아뢰는 사랑의 간구입니다. 그분의 신성과 승리가 담보가 되기에 예수님의 간구는 어려움에 처한 신자를 담대하게 하나님의 은혜의 보좌로 나아가도록 이끕니다. 바울의 가르침대로 부활-승천하신 예수님은 하나님 보좌 우편에서 어려움 가운데 있는 신자들을 위해서 친히 간구하시는 분입니다. 우리의 믿음이 떨어지지 않도록 중보의 기도를 하시는 분입니다. 예수님의 간구로 인해서 신자는 힘들고 긴 신앙 여정을 끝까지 완주할 수 있습니다.

함께 나누어요 ❺

'지금 하늘 보좌에서 나를 위해서 친히 간구하시는 예수님!' 성경이 가르쳐 주는 이 사실 앞에서 어떤 느낌이 들어가나요?

① 감사와 감격이 마음 깊이 밀려온다.

② 더 담대하게 믿음의 길을 걸어가겠다.

③ 나도 예수님처럼 다른 사람을 위해서 중보기도를 하고 싶다.

④ 어떤 상황에서도 포기하지 않고 주님을 의지하겠다는 마음이 생긴다.

지금까지 "성자 예수님 이야기"라는 주제로 성경 공부를 하였습니다. 성경 공부를 통해서 깨달은 점이나 마음에 남은 은혜나 새롭게 얻은 통찰을 간단하게 적어 보시기 바랍니다. 이 기록이 앞으로 하나님과 함께 걸어갈 믿음의 여정을 새롭게 준비하는 소중한 흔적이 될 것입니다.

예시

예수님의 부활과 승천이 지금도 나와 깊이 연결된 살아 있는 진리임을 깨달았습니다. 부활하신 예수님께서 지금도 하나님 보좌 우편에서 나를 위해서 간구하고 계신다는 사실이 큰 위로와 힘이 되었습니다. 앞으로 어떤 상황에서도 부활의 주님을 신뢰하면서, 담대하게 소망 가운데 믿음의 길을 걸어가겠습니다.

성경 공부를 통해서 얻은 통찰 메모하기

성령 하나님 이야기

9과. 성령 하나님 이야기(1)

1. 성령의 인격(위격)성

　① 지성을 지니신 성령

　② 의지를 지니신 성령

　③ 감성을 지니신 성령

2. 성령의 사역

　① 예수님을 깨닫고 믿게끔 만드시는
　　 성령

　② 가르치시고 생각나게 하시면서 진리
　　 가운데로 이끄시는 성령

　③ 위로하시면서 간구하시는 성령

　④ 교회 공동체를 부흥케 하시는 성령

9과. 성령 하나님 이야기(1)

성령과 성령에 대한 신학적 진술은 교파에 따라서 여러 견해로 나뉩니다. 여러 견해로 나뉘기 때문에 신앙인들은 성령에 대해서 혼동하기 쉽습니다. 신앙인들은 성령을 올바르게 알아야 합니다. 신자가 건강하게 신앙생활을 하기 위해서는 성령에 대한 올바른 앎이 반드시 필요하기 때문입니다. 성령에 대한 올바른 이해는 신자 개인의 신앙뿐 아니라 교회 전체의 건강한 신앙생활을 위한 초석이 됩니다. 성령 하나님은 단순한 능력이나 힘이 아니라, 인격을 가지신 하나님이십니다. 성령은 우리 안에 거하시면서 믿음을 일깨우시고, 진리 가운데로 인도하십니다. 또한 교회를 세우시고, 신자들이 서로 사랑과 섬김으로 연합하도록 이끄십니다. 그러므로 성령 하나님을 바로 아는 것은 곧 우리의 삶과 교회의 사역 전체를 바로 세우는 기초가 됩니다.

1. 성령의 인격(위격)성(Personality)

오늘날 사람들은 인격이라는 말을 일상에서 널리 사용합니다. '그 사람은 인격이 된 사람이다, 나는 인격적인 대우를 받고 싶다!' 등, 오늘날 인격은 많은 사람들의 입에 오르내리는 일상적인 말이 되었습니다. 그런데 우리는 과거의 인격 이해와 오늘날의 인격 이해가 다르다는 것을 알아야 합니다. 인격이라는 동일한 용어를 놓고 과거의 이해와 현재의 이해가 달라졌다는 것입니다. 옛날에는 사람들이 인격을 '혼자(alone)를 의미하는 개체'(entity)로 이해했습니다. 그런데 오늘날 사람들은 인격을 '상호 간의 관계성 개념'(mutual relationship)으로 이해합니다. '관계성으로서의 인격 이해'입니다.

이것을 기억하면서 이제 성령의 인격(위격)성을 살펴보겠습니다. 인격의 3요소가 있습니다. 지성과 감성과 의지입니다. 인격체인 인간이 인격의 3요소를 가지고 관계를 추구하듯이, 성령 하나님도 인격의 3요소를 가지고 계시면서 관계를 추구하십니다.

① 지성을 지니신 성령(Reason)

성령은 지성을 지니신 분입니다. 고린도전서 2장에서 바울은 성령을 다음과 같이 소개합니다. "오직 하나님이 성령으로 이것을 우리에게 보이셨으니 성령은 모든 것 곧 하나님의 깊은 것까지도 통달하시느니라"(고전 2:10). "성령께서 하나님의 깊은 것을 통달하신다"고 선언합니다. '통달하다'에 해당되는 헬라어 에레우나오(ἐρευνάω)는 '자세히 살펴보다', '무언가를 수색하다', '무언가를 조사하다' 등의 의미를 갖습니다. 무언가를 살피고 수색하고 조사하기 위해서 필수적으로 요청되는 것이 있습니다. 지성이 요구됩니다. 이를 통해서 우리는 성령님이 지성을 지니신 분이심을 알게 됩니다.

계속되는 바울의 성령님 소개를 보겠습니다. 바울은 로마서 8장에서는 성령을 다음과 같이 소개합니다. "마음을 살피시는 이가 성령의 생각을 아시나니 이는 성령이 하나님의 뜻대로 성도를 위하여 간구하심이니라"(롬 8:27). '성령의 생각'이라는 표현이 있습니다. '무언가를 골똘히 생각하시는 성령님!' 지성이 없이는 생각하고 사고할 수 없습니다. 인격체는 지성을 기반으로 해서 생각하고 판단하고 결정합니다. 따라서 우리는 다음과 같이 얘기할 수 있습니다. "성령님은 지성을 갖고 계신 인격적인 분이시다." 성부 하나님처럼, 성자 예수님처럼, 성령 하나님도 지성을 지니신 인격체이십니다. 인격체이시기에 우리와 인격적인 교제가 가능한 분이십니다.

② 의지를 지니신 성령(Will)

성령은 의지를 지니신 분입니다.

[사도행전 16:6-7]
"6 성령이 아시아에서 말씀을 전하지 못하게 하시거늘
그들이 브루기아와 갈라디아 땅으로 다녀가
7 무시아 앞에 이르러 비두니아로 가고자 애쓰되
예수의 영(성령)이 허락하지 아니하시는지라"

사도행전 기자가 바울의 선교여행을 다음과 같이 소개합니다. "성령이 아시아에서 말씀을 전하지 못하게 하셨고, 예수의 영(성령)이 허락하지 않으셨다." 본래 바울은 아시아로 가서 복음을 전하려고 했습니다. 그런데 성령께서 바울을 아시아로 가지 못하게끔 막으시면서, 아시아의 반대쪽 마게도냐로 가도록 이끄셨습니다. 성령께서 바울로 하여금 무언가를 하지 못하게끔 막으시면서 허락하지 않으신 것입니다. 이것을 보면서, 우리는 성령이 의지를 지니신 분이신 것을 알 수 있습니다. 성령은 의지를 가지신 분으로서, 스스로 판단하시면서 무언가를 하지 못하도록 막으실 때가 있습니다. 반대로 무언가를 하도록 허락하실 때도 있습니다. 이처럼 성령은 의지를 지니신 인격체이십니다.

'성령께서 의지적으로 막으시고 허락하지 않으실 때가 있다!' 이 가르침이 신자들에게 의미하는 바가 있습니다. 내가 생각하고 계획한 대로 일이 풀리지 않아서 속상할 때, 신자는 의지를 가지고 막으시는 성령 하나님에 대해서 생각할 수 있어야 합니다. 이 문제를 어떻게 생각하시나요?

③ 감성을 지니신 성령(Emotion)

성령은 감성을 지니신 분입니다. 에베소서 4장에서 바울은 성령님에 대해서 다음과 같은 가르침을 줍니다.

[에베소서 4:30]
"하나님의 성령을 근심하게 하지 말라
그 안에서 너희가 구원의 날까지 인치심을 받았느니라"

"하나님의 성령을 근심하게 하지 말라." 근심은 감성과 관련이 있습니다. 감성이 없다면 근심할 수 없습니다. 성령은 감성을 지니신 근심하시는 분입니다. 성령께서 언제 근심하십니까? 신자들이 하나님의 자녀답지 못하게 살아갈 때, 근심하고 슬퍼하십니다. 반대로 신자들이 하나님의 자녀답게 살아갈 때, 그 모습을 보시면서 기뻐하시고 즐거워하십니다. '감성을 가지고 있으면서 근심하시고 기뻐하시고 즐거워하시는 성령님!' 성령님은 감성을 지니신 하나님이십니다.

성령께서 기뻐하시는 순간이 언제인가요?
① 내가 누군가를 진심으로 용서하는 순간
② 말씀대로 살기 위해서 내 욕심을 내려놓는 순간

2. 성령의 사역(Works)

성령의 사역은 성령께서 하시는 일을 가리킵니다. 성령께서는 여러 가지 일들을 감당하십니다. 성령께서 성도 개개인에게 행하시는 일들이 있습니다. 공동체적으로('교회 공동체', '국가와 사회 내의 여러 공동체' 등) 감당하시는 일들도 있습니다. 나아가서 인류 역사적으로 감당하시는 일들도 있습니다. 여러 가지 사역들 중에서 이 시간에는 성령께서 각 사람에게 행하시는 사역과 공동체에게 행하시는 사역에 초점을 맞추겠습니다. 성령의 사역을 개인의 차원과 교회 공동체의 차원에서 살펴봄으로써, 성령께서 우리 각자와 교회 공동체를 어떻게 이끄시는지를 명확하게 이해할 수 있습니다. 그러면서 성령님의 사역에 더욱 민감해지고, 각 영역에서 그분의 인도하심을 분별하며 순종할 수 있게 됩니다.

① 예수님을 깨닫고 믿게끔 만드시는 성령(to Recognize and Believe)

성령은 예수님을 믿게끔 깨달음을 주시는 분입니다. 바울은 고린도전서 12장에서 이러한 성령의 사역을 다음과 같이 소개합니다.

[고린도전서 12:3]
"그러므로 내가 너희에게 알리노니 하나님의 영(성령)으로 말하는 자는
누구든지 예수를 저주할 자라 하지 아니하고
또 성령으로 아니하고는 누구든지 예수를 주시라 할 수 없느니라"

"성령으로 아니하고는 누구든지 예수를 주시라 할 수 없다." 성령께서 각 사람에게 행하시는 중요한 사역이 무엇인지를 가르쳐줍니다. 성령께서는 누

군가로 하여금 예수님을 주로 깨닫고 고백하고 시인하면서 믿게 하시는 사역을 하십니다. '누군가가 예수님을 자신의 주님으로 믿고 고백하는 것!' 이것은 그 사람의 의지에서 비롯된 것이 아닙니다. 인간의 일이 아닙니다. 성령께서 하시는 일입니다. 성령께서 신자에게 예수님을 구세주로 믿게끔 깨달음을 주십니다. 따라서 예수님을 구원자로 믿는 믿음은 성령께서 그 사람에게 주신 초자연적인 선물입니다. 성령께서 우리 신앙인들에게 예수님 믿는 믿음을 선물로 주셨습니다. 성령께서 각 사람에게 행하시는 이 사역을 '성령의 첫 번째 사역'이라고 칭합니다.

> **함께 나누어요 ④**
>
> 성령께서 예수님을 구원자로 믿고 시인하게끔 만드시는 사역을 '성령의 첫 번째 사역'이라고 했습니다. 이렇게 칭하는 이유가 무엇일까요?

> **함께 나누어요 ⑤**
>
> 신자는 성령께서 깨달음을 주셨기에 예수님 믿는 믿음을 갖게 된 사람입니다. 이 가르침 앞에서 신자가 가져야 하는 올바른 태도가 무엇인가요?
> ① 말씀을 배울 때 열린 마음으로 듣기
> ② 믿음을 주신 목적을 물으면서 신앙생활 하기
> ③ 의심이 생길 때마다 성령님의 인도하심을 구하기
> ④ 받은 은혜를 잊지 않고 기록하면서 기억하기

② 가르치시고 생각나게 하시면서 진리 가운데로 이끄시는 성령
  (to Teach, Remind, and Guide into the Truth)

성령은 가르치고 생각나게 하시면서 진리 가운데로 이끄시는 분입니다. 예수님께서 요한복음 14장에서 제자들에게 이렇게 말씀하십니다.

[요한복음 14:26]
"보혜사 곧 아버지께서 내 이름으로 보내실 성령
그가 너희에게 모든 것을 가르치고
내가 너희에게 말한 모든 것을 생각나게 하리라"

예수님께서 제자들에게 보혜사 성령이 이 땅에 오셔서 하시는 사역이 무엇인지를 가르쳐주고 있습니다. 성령께서는 제자들에게 예수님께서 하신 진리의 말씀을 가르치시고, 생각나게 하시면서, 그들을 진리 가운데로 이끄시는 분입니다. 성령의 이 사역은 성령과 예수님의 제자들 사이에 깊은 인격적인 관계가 형성될 때 이루어지는 사역입니다. 쌍방 간에 깊은 인격적인 관계가 이루어지지 않으면, 성령은 이 사역을 감당하실 수 없습니다. 그렇기에 신자는 늘 성령 하나님을 인정하고 바라보면서 성령과 깊은 인격적인 교제 속에서 신앙생활을 해야 합니다. 그럴 때 진리 가운데로 이끄시는 성령의 인도하심을 일상의 삶 속에서 경험할 수 있습니다. 성령은 신자들과의 깊은 인격적인 관계 속에서 예수님 말씀을 가르치시고 생각나게 하시면서 진리 가운데로 이끄시는 분이십니다.

> **함께 나누어요 ❻**
>
> **성령께서 나를 진리 가운데로 인도하신다는 사실이 나에게 주는 도전은 무엇인가요?**
> ① 내 기준과 고집을 내려놓아야 한다는 점
> ② 불편해도 말씀에 순종해야 한다는 점
> ③ 성령의 인도하심이 세상의 가치관과 충돌할 수 있다는 점
> ④ 항상 진리를 먼저 구해야 한다는 점

③ 위로하시면서 간구하시는 성령(to Comfort and Intercede)

성령은 위로하시고 간구하시는 분입니다. 바울은 로마서 8장에서 이러한 성령의 사역을 다음과 같이 소개합니다.

[로마서 8:26]
"이와 같이 성령도 우리의 연약함을 도우시나니
우리는 마땅히 기도할 바를 알지 못하나
오직 성령이 말할 수 없는 탄식으로
우리를 위하여 친히 간구하시느니라"

복음성가 "누군가 널 위해 기도하네"의 배경이 되는 말씀입니다. 우리가 지쳐서 기도할 수 없고 눈물이 빗물처럼 흘러내릴 때, 우리를 위해서 기도하시는 누군가가 있음을 말해 주고 있습니다. 그분이 누구십니까? 성령이십니다. 성령은 우리의 연약함을 도우시고 우리가 실의에 빠져서 어떻게 기도해야 하는지를 알지 못할 때, 우리를 위하여 말할 수 없는 탄식으로 친히 간구하시는 분이십니다. '낙심하는 신자를 위로하시면서 그를 위하여 친히 간구하시는 사역!' 이것이 성령께서 감당하시는 또 하나의 중요한 사역입니다.

누군가가 이런 말을 했습니다. "삶은 고난의 연속이다." 이 말처럼 신자들의 삶도 힘든 삶의 연속이라고 할 수 있습니다. 신자들의 삶에 좋은 일도 많지만, 그만큼 힘든 일도 수반되는 것처럼 보입니다. 고난의 연속인 삶을 살아가면서, 신자가 순간순간 바라보아야 하는 분이 계십니다. 그분이 누구인가요?

④ 교회 공동체를 부흥케 하시는 성령(to Revitalize)

성령은 교회 공동체를 부흥케 하시는 분입니다. 사도행전 기자는 9장에서 성령께서 교회 공동체에게 행하시는 사역을 다음과 같이 소개합니다.

[사도행전 9:31]
"그리하여 온 유대와 갈릴리와 사마리아 교회가
평안하여 든든히 서가고
주를 경외함과 성령의 위로로 진행하여 수가 더 많아지니라"

초대교회의 성장 배경을 가르쳐 주는 말씀입니다. "유대 지역에 있는 교회와 갈릴리에 있는 교회와 사마리아 지역에 있는 교회 안에 주를 경외하는 믿음과 평안이 깊어졌을 때, 성령께서 위로하셔서 점점 더 성장해 갔다"고 기록하고 있습니다. '위로한다'의 헬라어 파라클레시스(παράκλησις)는 '격려하다', '권면하다' 등의 의미를 갖습니다. 우리는 여기서 교회가 성장하기 위한 필수조건 몇 가지가 있음을 알게 됩니다. 첫째로 교회의 모든 신자들이 주님을 경외해야 합니다. 둘째로 교회 공동체 가운데 넘치는 평강이 있어야 합니다. 이 두 가지가 있을 때 성령께서 그 공동체를 격려하시고 위로하시면서, 교회 공동체를 부흥과 성장으로 이끄십니다. 교회의 부흥은 성령 하나님과 성도들의 공동 작품입니다.

함께 나누어요 ❽

다음 중 성령께서 하시는 사역 전반을 잘 설명하는 것은 무엇일까요?

① 성령은 오직 신비한 체험만을 하도록 하시는 분이다.

② 성령은 교회의 제도와 규율만을 관리하시는 분이다.

③ 성령은 신자 개인에게 믿음을 주시고, 진리로 인도하시며, 위로하고 간구하시고, 교회 공동체를 세워 부흥케 하시는 분이다.

④ 성령은 예수님과 무관하게 독자적으로 활동하시는 분이다.

⑤ 성령은 오늘날에는 더 이상 활동하지 않고, 초대교회 시대에만 역사하셨다.

지금까지 "성령 하나님 이야기" 주제로 성경 공부를 하였습니다. 성경 공부를 통해서 깨달은 점이나 마음에 남은 은혜나 새롭게 얻은 통찰을 간단하게 적어 보시기 바랍니다. 이 기록이 앞으로 하나님과 함께 걸어갈 믿음의 여정을 새롭게 준비하는 소중한 흔적이 될 것입니다.

예시

성경 공부를 통해서 성령 하나님이 인격을 지니신 하나님이심을 깨달았습니다. 성령께서 내 믿음을 일으키시고, 진리로 인도하시며, 연약할 때 위로하신다는 사실이 큰 위로와 도전이 되었습니다. 앞으로 성령님의 역사하심에 더욱 민감하게 반응하면서, 그분의 인도하심을 삶 속에서 깊이 경험하면서 살아가고 싶습니다.

성경 공부를 통해서 얻은 통찰 메모하기

10과. 성령 하나님 이야기(2)

1. 성령의 임재 시 나타나는 현상들
   ① 구약성경이 소개하는 현상들
   ② 신약성경이 소개하는 현상들
2. 내주하시는 성령
   ① 신자의 몸 안에 거하시는 성령
   ② 내주하시는 성령, 거룩케 하시는 영

10과. 성령 하나님 이야기(2)

1. 성령의 임재가 능력과 예언과 시청각적 경험 등으로 나타남을 배운다.
2. 성령께서 방식에 얽매이지 않고 자유롭게 역사하심을 알게 한다.
3. 성령의 내주하심이 신자가 죄를 깨닫고 거룩을 추구하게 돕는 사역임을 배운다.
4. 성령이 신자뿐 아니라 공동체 전체를 거룩하게 하시는 분임을 알게 한다.

　　성령은 성부 하나님과 마찬가지로 '영'(Holy Spirit)이신 분으로서, 육체를 소유하지 않은 분이십니다. 따라서 인간은 성령을 육안으로 볼 수 없습니다. 하지만 성령의 존재를 인간의 오감으로 식별할 수는 없지만, 성령께서 임하실 때 나타나는 여러 현상들에 대해서는 인간이 감각을 가지고 느낄 수 있습니다. 구약성경과 신약성경은 그 현상들 몇 가지를 소개합니다. 이러한 현상들이 성령께서 실제로 우리를 방문하셨다는 생생한 증거가 됩니다. 때로는 말씀을 들을 때 그 말씀이 나의 마음 깊이 새겨지면서 가슴이 뜨거워지는 경험을 하게 될 때가 있습니다. 때로는 예언이나 방언 같은 은사적인 능력이 신자와 교회 공동체에 부어지기도 합니다. 어떤 경우에는 예배 중에 눈물을 흘리거나, 찬양을 부를 때 말할 수 없는 감격이 밀려오기도 합니다. 이러한 다양한 성령의 임재는 신자에게 평안과 기쁨과 위로를 선물합니다.

1. 성령의 임재 시 나타나는 현상들(Phenomena)

① 구약성경이 소개하는 현상들(Old Testament)

ⓐ 초인적인 능력이 나타나는 현상(Supernatural Power)

성령께서 임하실 때 초인적인 능력이 수반됩니다. 사사기는 이러한 현상을 다음과 같이 소개합니다.

[사사기 14:19]
"여호와의 영이 삼손에게 갑자기 임하시매
삼손이 아스글론에 내려가서
그곳 사람 삼십 명을 쳐죽이고 노략하여
수수께끼 푼 자들에게 옷을 주고
심히 노하여 그의 아버지의 집으로 올라갔고"

삼손에게 성령께서 임하시는 장면입니다. 삼손에게 여호와의 영이 임했을 때 그가 초인적인 능력을 발휘하면서 이방 사람 삼십 명을 죽이고 노략했습니다. 삼손뿐만 아니라 여호와의 영이 여자 사사 드보라에게 임했을 때도, 드보라가 인간의 한계를 뛰어넘는 놀라운 지혜를 지니게 되었습니다. 드보라가 군사 전략에 있어서 놀라운 지혜를 발휘하면서 가나안 사람들과의 전쟁에서 대승리를 이끌어 냈습니다. 이러한 현상들은 일반적인 힘과 능력의 발현을 넘어서는 것들로서, 성령께서 임재하실 때 나타나는 현상으로 이해됩니다.

오늘날 성령의 임재로 나에게 초인적인 능력과 큰 지혜가 주어진다면, 그 능력과 지혜를 어디에 어떻게 사용하시겠습니까?

ⓑ 종교권 밖의 사람이 예언을 하는 현상(non-Clergy Prophesying)

성령께서 임하실 때 종교권 밖의 사람이 예언을 하는 현상이 수반될 수도 있습니다. 사무엘상 10장에 청년 사울이 사무엘 선지자를 만나고 돌아갈 때의 사건이 나옵니다.

[사무엘상 10:10-11]
"10 그들(사울과 사울의 종)이 산에 이를 때에
선지자의 무리가 그를 영접하고
하나님의 영이 사울에게 크게 임하므로
그가 그들 중에서 예언을 하니
11 전에 사울을 알던 모든 사람들이 사울이 선지자들과 함께 예언함을 보고
서로 이르되 기스의 아들에게 무슨 일이 일어났느냐 사울도 선지자들 중에
있느냐 하고"

사울과 사울의 종이 어느 산에 도착했습니다. 그 산에서 선지자 그룹이 공동체 생활을 하고 있었습니다. 선지자 무리가 사울을 맞는 순간에 하나님의 영이 사울에게 크게 임했습니다. 그때 사울이 선지자 무리(종교권 내의 사람들)에 끼여서 예언을 했습니다. 이 광경을 보고 선지자 무리가 깜짝 놀라면서 이렇게 얘기합니다. '지금 사울에게 무슨 일이 일어났는가! 사울도 선지자들 중에 있는가!' 선지자 무리가 의혹을 품은 채로 사울이 예언하는 것을 달갑지 않게 생각하고 있습니다. 그 사람들이 이런 태도를 보인 이유는 예언을 자기들만의 전유물로 생각했기 때문입니다. 그 사람들은 선지자가 아닌 종교권 밖의 사람은 예언을 할 수 없다고 생각했습니다.

이것을 보면서 무엇을 깨달아야 되겠습니까? 성령의 사역을 인간의 생각으로 제한하면 안 된다는 것을 깨달아야 합니다. 성령께서는 특정 집단이나 직분에 국한하지 않고, 누구에게든 임하셔서 역사하실 수 있는 분입니다. 신앙인들은 성령의 사역을 자신의 기준으로 가로막는 편견을 버리고 그분의 놀라운 임재와 사역을 마음을 열어서 환영하는 태도를 가져야 합니다.

함께 나누어요 ❷

'고정관념을 가지고 성령의 역사하심을 제한하는 오류!' 여기에 해당되는 것에 무엇이 있을까요?

① '이건 불가능해'라는 불신
② 과거의 방식만 고집하는 완고함
③ 내 생각만을 기준 삼아 살아가는 삶의 방식
④ 말씀보다 내 경험을 우선시하는 태도

ⓒ 하나님의 영의 보편적인 임재 현상(Universal Presence)

하나님의 영이 보편적으로 임재하는 현상도 성령께서 임하실 때 수반되는 현상입니다. 요엘서 2장에 유명한 말씀이 나옵니다.

[요엘 2:28-29]
"28 그 후에 내가 내 영을 만민에게 부어 주리니
너희 자녀들이 장래 일을 말할 것이며
너희 늙은이는 꿈을 꾸며 너희 젊은이는 이상을 볼 것이며
29 그때에 내가 또 내 영을 남종과 여종에게 부어 줄 것이며"

28절에 "내가 내 영을 만민에게 부어 줄 것이다." 29절에 "내가 내 영을 남종과 여종에게 부어 줄 것이다." 하나님께서 신분과 지위에 상관없이 모든 백성에게 성령을 부어 주신다고 말씀하십니다. 하나님의 영의 보편적인 임재 현상입니다. 이 예언은 오순절 마가의 다락방에 성령께서 임하실 때 실제로 성취가 되었습니다(행 2:17-18). 모든 믿는 자에게 성령께서 동일하게 임하시면서 이적이 일어났습니다. 이러한 성령의 보편적인 임재는 그 사람의 신분이나 역할과 무관하게, 하나님 나라의 가족 모두를 향한 성령의 초청입니다. 오늘날 교회는 누구든지 성령의 은혜를 누릴 수 있도록 차별 없이 그들을 환영해야 합니다.

② 신약성경이 소개하는 현상들(Described in the New Testament)

ⓐ 임의로 부는 바람과 같은 현상(Wind Blowing of its own Accord)

성령께서 임하실 때 임의로 부는 바람과 같은 현상이 수반됩니다. 요한복음 3장의 예수님과 니고데모의 대화를 보겠습니다.

[요한복음 3:7-8]
"7 내가 네게 거듭나야 하겠다 하는 말을 놀랍게 여기지 말라
8 바람이 임의로 불매 네가 그 소리는 들어도 어디서 와서 어디로 가는지 알지 못하나니 성령으로 난 사람도 다 그러하니라"

예수님께서 니고데모에게 성령님을 '임의로 부는 바람'이라고 소개하십니다. '임의로 부는 바람!' 이것이 예수님께서 가르쳐 주시는 성령의 임재 시 나타나는 현상입니다. 예수님 말씀을 통해서 우리는 성령께서 무언가에 얽매이지 않고 자유롭게 활동하시는 분이신 것을 알게 됩니다. 성령께서 우리의 이성과 상식과 예측을 벗어나는 방식으로 역사하실 때가 있다는 것입니다. 그분의 임재와 활동은 우리의 예측과 이성과 상식을 넘어섭니다. 따라서 성령의 역사를 경험하려면, 마음을 활짝 열고 그분의 임재를 받아들이겠다는 마음의 태도가 신자에게 요구됩니다.

함께 나누어요 ❹

일상에서 바람 같은 성령님의 예측 불가능한 임재('갑작스런 깨달음', '통찰', '위로' 등)를 경험했던 순간이 있습니까? 성령님의 그 임재에 어떻게 반응했나요?

ⓑ 강력한 시각적이고 청각적인 현상(Visual and Auditory)

성령께서 임하실 때 강력한 시각적이고 청각적인 현상이 수반됩니다. 사도행전 2장의 '성령께서 오순절 마가의 다락방에 임하신 기사'를 보겠습니다.

[사도행전 2:1-4]
"1 오순절 날이 이미 이르매 그들이 다 같이 한곳에 모였더니
2 홀연히 하늘로부터 급하고 강한 바람 같은 소리가 있어
그들이 앉은 온 집에 가득하며
3 마치 불의 혀처럼 갈라지는 것들이 그들에게 보여
각 사람 위에 하나씩 임하여 있더니
4 그들이 다 성령의 충만함을 받고
성령이 말하게 하심을 따라 다른 언어들로 말하기를 시작하니라"

오순절 마가의 다락방에 성령께서 임하실 때의 풍경입니다. 2절에 "급하고 강한 바람 같은 소리가 온 집에 가득했다"고 기록합니다. 이것은 '강력한 청각적인 현상'입니다. 3절에 '그 자리에 있던 사람들이 불의 혀처럼 갈라지는 것들을 보았다'고 기록합니다. 이것은 '강력한 시각적인 현상'입니다. 이러한 청각적이고 시각적인 현상은 예수님의 제자들에게 성령의 임재가 구체적이고 실재적 사건임을 확신시켜 주었습니다. 그 확신을 가지고 제자들이 이내 곧 성령충만함을 받아서 방언을 하였습니다. 이 체험 후에 제자들은 두려움을 던져버리고 담대하게 예루살렘과 온 유대와 사마리아와 땅끝까지 다니면

서 복음 전도의 사명을 감당하게 되었습니다.

함께 나누어요 ❺

'성령의 임재 시 나타나는 현상'과 '성령 충만'을 비교해 보겠습니다. 사도행전 2장대로라면 시각적이고 청각적인 현상들이 강하게 동반되어야만 성령 충만해졌다고 볼 수 있을 것 같습니다. 성령님의 조용한 임재 현상은 성령 충만과 상관이 없다고 여겨질 것 같습니다. 어떤가요? 이렇게 생각하는 것이 옳은가요?

함께 나누어요 ❻

성령 충만은 '믿음의 견고해짐'으로 이어집니다. 성령으로 충만해 질 때, 신자는 견고하고 반듯한 믿음으로 자라갑니다. 신자에게 성령 충만이 '일회성'인가요? '계속성'인가요?

함께 나누어요 ❼

신자가 어떻게 성령 충만해지나요? 신자가 성령 충만해진 것을 어떻게 알 수 있나요?

ⓒ 비둘기와 같이 조용한 임재 현상(quiet Dove-like Presence)

성령께서 임하실 때 비둘기와 같이 조용한 임재 현상이 수반됩니다. 마태복음 3장의 예수님께서 세례 요한에게 세례를 받으시는 장면을 보겠습니다.

[마태복음 3:16]

"예수께서 세례를 받으시고 곧 물에서 올라오실새
하늘이 열리고 하나님의 성령이 비둘기 같이 내려
자기 위에 임하심을 보시더니"

여기에 성령의 임재 시 나타나는 현상이 나옵니다. 강에서 세례를 받으시고 땅으로 올라오시는 예수님 위에 "성령이 비둘기 같이 내려 오셨다"고 기록합니다. 비둘기가 직접 내려온 것이 아니고, 성령께서 비둘기가 살포시 땅에 내려앉은 것처럼 그 자리에 조용하고 잔잔하게 임하셨다는 의미입니다.

성령께서 임하시는 방식에 있어서 우리는 마태복음 3장 16절과 사도행전 2장 1-4절을 비교할 필요가 있습니다. 마태복음 3장이 소개하는 성령의 임재 시 나타나는 현상은 '비둘기 같이 임하시는 조용하고 잔잔한 현상'입니다. 반면에 사도행전은 '강한 바람 소리와 불의 모양과 같은 역동적인 현상들'을 소개하고 있습니다. 무엇을 알 수 있습니까? 성령께서 임하시는 방식이 매우 다양하다는 것을 알 수 있습니다.

성령께서 다양한 방식으로 임하신다는 사실이 나의 신앙생활에 어떤 변화를 가져올까요?
① 하나님이 나의 상황과 필요를 잘 아신다는 확신이 생긴다.
② 내 환경에 맞게 성령께서 역사하신다는 안도감이 생긴다.
③ 하나님과의 만남이 한 가지 방식에만 묶이지 않음을 아는 열린 태도를 갖게 한다.
④ 내가 있는 자리에서도 성령 하나님의 은혜를 누릴 수 있다는 소망이 생긴다.

2. 내주하시는 성령(Indwelling Holy Spirit)

① 신자의 몸 안에 거하시는 성령(Indwelling in Believer's Body)

성경은 '성령께서 신자들의 몸 안에 내주하신다'고 말씀합니다. 신자는 자신의 몸에 성령님을 모시고 살아가는 사람들입니다. 신자가 자신의 몸에 성령님을 모시고 산다는 것은 매일의 삶 속에서 그분의 인도하심과 위로를 경험하는 삶을 살고 있음을 의미합니다. 내주하시는 성령께서 신자의 마음을 비추시면서 말씀의 진리를 깨닫게 하시고, 죄를 회개하도록 그 마음을 움직이십니다. 신자는 내주하시는 성령님의 능력으로 세상의 어두움을 밝히는 증인이 되어야 합니다.

② 내주하시는 성령, 거룩케 하시는 영(to Indwell and Sanctify)

내주하시는 성령은 신자를 '거룩케 하시는 영'입니다. 바울은 고린도전서 3장에서 내주하시는 성령을 다음과 같이 소개합니다.

[고린도전서 3:16-17]
"16 너희(고린도교회 성도들)는 너희가 하나님의 성전인 것과
하나님의 성령이 너희 안에 계시는 것을 알지 못하느냐
17 누구든지 하나님의 성전을 더럽히면
하나님이 그 사람을 멸하시리라
하나님의 성전은 거룩하니 너희도 그러하니라"

16절에서 고린도교회 성도들을 "하나님의 성전이라고 하면서, 성도들의 몸에 성령께서 거하신다"고 말씀합니다('내주하시는 성령'). 그러면서 17절에서 "하나님의 성전이 거룩하니, 그 몸에 내주하시는 성령님을 모시고 살아가는 성도들도 거룩하다"고 말씀합니다. 그런데 신자는 자신의 능력으로 거룩할 수 없습니다. 신자를 거룩케 하시는 분은 성령 하나님이십니다. 성령께서 우리 내면의 정욕과 연약함을 다스리시고 진리의 말씀으로 우리를 깨우쳐 주십니다. 성령의 조명하심 속에서, 신자는 육체의 정욕을 버리고 성결과

거룩을 추구하게 됩니다. 내주하시는 성령님은 신자를 거룩으로 이끄시는 '거룩의 영'입니다.

함께 나누어요 ❾

'내 몸이 하나님의 성전'이라는 성경의 가르침이 어떻게 다가오나요? 평소에 하나님의 성전인 나의 몸을 어떻게 대했나요?

함께 나누어요 ❿

교회 공동체의 구성원들 모두는 힘을 모아서 거룩을 추구해야 합니다. 다음 중 거룩을 추구하는 데 방해가 되는 태도는 무엇인가요?

① 서로를 비판만 하고 세워주지 않는 태도

② 말씀보다 전통이나 습관을 더 우선시하는 태도

③ 개인주의에 빠져서 공동체를 외면하는 태도

④ 죄인지 알면서도 침묵으로 일관하는 태도

지금까지 "성령 하나님 이야기"라는 주제로 성경 공부를 하였습니다. 성경 공부를 통해서 깨달은 점이나 마음에 남은 은혜나 새롭게 얻은 통찰을 간단하게 적어 보시기 바랍니다. 이 기록이 앞으로 하나님과 함께 걸어갈 믿음의 여정을 새롭게 준비하는 소중한 흔적이 될 것입니다.

예시

성경 공부를 통해서 성령 하나님이 인격적으로 우리 안에 거하시며 역사하시는 분임을 깊이 깨닫게 되었습니다. 성령의 임재가 때로는 강하게, 때로는 조용하게 다가오지만, 그 모든 방식이 하나님의 뜻과 사랑 안에 있음을 느꼈습니다. 앞으로는 성령의 다양한 역사에 마음을 열고, 날마다 그분의 인도하심에 민감하게 반응하며 살아갈 것을 다짐해 봅니다.

성령 하나님 이야기

11과. 성령 하나님 이야기(3)

1. 성령의 은사
    ① 성령, 은사의 주체
    ② 신자, 성령의 은사를 사모하는 이
    ③ 은사를 나의 전유물로 생각하지 않기
    ④ 각 사람에게 다양하게 은사를 주시는
      성령
2. 성령의 열매
    ① 성령을 좇아서 살 때 성령의 열매를
      맺음
    ② 헛된 영광을 구하지 않을 때 성령의
      열매를 맺음

11과. 성령 하나님 이야기(3)

이 시간에 성령 하나님 이야기 세 번째로 '성령의 은사'와 '성령의 열매'를 다루겠습니다. 일반적으로 성령의 은사와 성령의 열매를 혼동하는 경향이 있기에, 먼저 이 두 용어에 대해서 간략하게 다루겠습니다. 성령의 은사는 '신자가 감당하는 일'('봉사')과 상관이 있습니다. 즉 성령의 은사는 성령께서 각 사람에게 맡기신 사역을 감당하도록 주시는 특별한 능력입니다. 이와 달리 성령의 열매는 '신자의 인격의 변화'('성숙한 삶', '건강한 관계', '영향력' 등)와 상관이 있습니다. 성령의 열매는 성령과 동행하면서 그 사람의 삶 속에서 드러나는 내적 성품의 변화입니다. '성령의 은사와 성령의 열매!' 두 가지 모두 근본적으로 성령님과 관련이 있지만, 이 둘은 구분이 됩니다. 신자에게 성령의 은사는 교회와 다른 신자들을 섬기기 위한 도구로 주어진 것입니다. 성령의 열매는 은사를 활용하면서 교회를 섬기던 중에 내 안에서 맺어가는 성숙한 삶을 가리킵니다. 신자들의 은사와 열매가 조화와 균형을 이룰 때 신앙 공동체는 건강하게 성장할 수 있습니다.

1. 성령의 은사(Gifts of Holy Spirit)

은사의 헬라어는 카리스마(χάρισμα)로서, '은혜로 주어진 선물'을 가리킵니다. 은사는 성령께서 신자들에게 주시는 '선물' 내지 '재능'입니다. 우리는 성령께서 은사를 주시는 목적이 무엇인지를 알아야 합니다. 성령께서는 교회와 세상을 섬기는 것을 목적으로 신자들에게 은사를 주십니다. '교회와 직장과 세상을 섬기는 것!' 성령께서 은사를 주시는 목적이 여기에 있습니다. 성령은 은사를 각 신자들에게 다양하게 주십니다. 신자들은 성령께 받은 은사를 교회에서뿐 아니라 직장에 가서도 선하게 활용해야 합니다. 건강한 은사의 활용은 하나님께 영광을 돌리고, 교회와 세상 속에서 그리스도의 사랑을 실천하는 통로가 됩니다. 이제 성령의 은사와 관련된 몇 가지 사안을 살펴보겠습니다.

① 성령, 은사의 주체(Giver of Gifts)

성령은 신자에게 은사를 주시는 은사의 주체가 되시는 분입니다. 바울은 고린도전서 12장에서 "성령이 당신의 뜻대로 각 사람에게 나누어 주신다"고 말씀합니다.

[고린도전서 12:11]
"이 모든 일은 같은 한 성령이 행하사
그의 뜻대로 각 사람에게 나누어 주시는 것이니라"

은사의 주체는 성령님이십니다. 내가 은사의 주체가 아니라 성령께서 은사의 주체가 되십니다. 이 가르침 앞에서 은사에 대해서 신자가 가져야 하는 합당한 마음가짐이 무엇일까요? 감사와 겸손입니다. 본래 나의 것이 아니라, 성령께서 나누어 주시는 귀한 선물이기에 신자는 은사를 감사의 마음으로 받아야 합니다. 나아가서 신자는 자신이 받은 은사를 과시하지 않고 겸손히 섬김의 도구로 사용해야 합니다. 그럴 때 하나님께 영광이 됩니다. 감사와 겸손은 은사의 올바른 사용을 가능케 하는 바탕이며, 이를 통해 교회 공동체 안에 화목과 사랑이 넘치게 됩니다.

은사 과시의 유혹이 생길 때 나의 은사를 떠올리면서 이렇게 기도해 보시기 바랍니다. "성령께서 나에게 이 은사를 주셨습니다. 감사합니다. 은사를 건강하게 활용하면서 교회에 덕을 세울 수 있도록 나를 붙잡아 주십시오!"
기도 후에 나의 마음이 다시금 감사와 겸손으로 채워질 것입니다.

봉사하는 중에 나의 은사를 과시하려는 마음이 생길 때, 그 마음을 극복해야 합니다. 은사 과시의 유혹을 이길 때 어떤 유익을 얻게 되나요?

① 의기소침해진다.

② 공동체가 건강해진다.

③ 하나님과의 관계가 더 깊어진다.

④ 공동체 안에 건강한 격려의 문화가 생겨난다.

② 신자, 성령의 은사를 사모하는 이(to Long for)

신자는 성령의 은사를 사모해야 합니다. 바울은 고린도전서 14장에서 '신자의 은사 사모함'에 대해서 다음과 같이 가르침을 줍니다.

[고린도전서 14:1]
"사랑을 추구하며 신령한 것들을 사모하되
특별히 예언을 하려고 하라"

"사랑을 추구하라." "신령한 것들(성령의 은사들)을 사모하라." "특별히 예언을 하려고 하라." 여기서 사랑을 추구하고 신령한 것들을 사모하며 예언을 하려고 하는 주체가 누구입니까? 신자입니다. 신자는 성령의 은사를 위해서 의지를 가지고 사모하면서 구할 수 있습니다. 은사를 사모하는 마음은 단순한 호기심이 아니라, 교회와 이웃을 세우고 세상에 복음을 전하려는 신실한 마음가짐에서 비롯됩니다. 은사를 구할 때는 나의 욕심을 내려놓고 하나님의 사랑을 풍성하게 드러내겠다는 마음가짐을 가져야 합니다. 신자는 기도와 말씀 묵상 속에서 성령 하나님께 은사를 구하며, 그 은사가 공동체를 세우는 도구로 사용되기를 소망해야 합니다. 모든 신령한 은사들이 신중하고 신실하게 사용될 때, 교회 공동체 안에 평화와 진리가 굳건하게 세워집니다.

나는 어떤 은사를 사모하나요?

① 말씀을 깨닫고 전하는 지혜의 은사를 사모한다.

② 사랑으로 섬기고 돕는 봉사의 은사를 사모한다.

③ 사람을 세우고 격려하는 위로의 은사를 사모한다.

④ 하나님께 깊이 나아가는 기도의 은사를 사모한다.

은사에 있어서 성령께서 나에게 선천적으로 주시는 은사와 후천적으로 계발되는 은사를 구분할 수 있어야 합니다. 하나님께 영광 올려드리고 교회와 직장과 학교와 가정에 선한 영향력을 끼치기 위해서, 신자는 이미 받은 나의 은사를 개발하고 발전시킬 필요가 있습니다. 은사를 발전시킬 때 기대할 수 있는 유익에 무엇이 있을까요?

① 더 많은 사람에게 유익을 줄 수 있다.

② 하나님께 더 큰 영광을 돌릴 수 있다.

③ 공동체의 필요를 더 잘 채울 수 있다.

④ 내 믿음과 성품이 함께 성장한다.

③ 은사를 나의 전유물로 생각하지 않기(no my exclusive Possession)

신자는 은사를 나의 전유물로 생각하지 않아야 합니다. 베드로는 베드로전서 4장에서 은사를 가진 자의 태도가 무엇인지를 가르쳐 줍니다.

[베드로전서 4:10]
"각각 은사를 받은 대로 하나님의 여러 가지 은혜를 맡은
선한 청지기같이 서로 봉사하라"

　　은사를 받은 자에게 "교회 공동체 안에서 선한 청지기같이 봉사하라"고 말씀합니다. 그러면서 은사를 받은 자를 '선한 청지기'로 표현하고 있습니다. 청지기는 하나님께서 맡기신 것을 잠시 맡아서 관리하는 자를 가리킵니다. 신자는 은사를 나의 전유물로 여기면서 내 마음대로 사용하면 안 됩니다. 선한 청지기의 마음을 품고 나의 은사를 교회 공동체를 섬기고 세우는 데 써야 합니다. 신자는 은사를 바르게 활용하면서 교회 공동체 안에 그리스도의 사랑과 능력이 온전히 드러나게끔 만드는 사람입니다.

함께 나누어요 ❹

선한 청지기의 마음을 가지고 나의 은사를 사용하지 않는다면, 이것은 성령을 근심케 하는 모습입니다. 여기에 해당되는 것에 무엇이 있을까요?

① 하나님이 주신 은사를 '나중에 쓰겠다'고 하면서 계속 미루는 것
② 공동체의 필요를 알면서도 계속해서 외면하는 것
③ 은사를 사적인 목적이나 이익만을 위해서 사용하는 것
④ 다른 사람의 은사와 비교하면서 위축되어 숨기는 것

함께 나누어요 ❺

성령께서는 각 사람에게 각기 다른 은사를 주십니다. 각기 다른 은사를 받은 사람들이 마음을 모아서 연합할 때, 교회 안에 어떤 시너지 효과가 일어날 수 있을까요?

① 하나님께 더 큰 영광이 돌아간다.
② 성도들이 서로를 더 귀하게 여기게 된다.
③ 복음 전파가 더 효과적으로 이루어진다.
④ 은사 사용이 더 다양하고 창의적으로 나타난다.

④ 각 사람에게 다양하게 은사를 주시는 성령(to Give Diverse Gifts)

성령께서는 각 사람에게 은사를 다양하게 주시는 분입니다.

[로마서 12:6-8]
"6 우리에게 주신 은혜대로 받은 은사가 각각 다르니
혹 예언이면 믿음의 분수대로
7 혹 섬기는 일이면 섬기는 일로, 혹 가르치는 자면 가르치는 일로
8 혹 위로하는 자면 위로하는 일로, 구제하는 자는 성실함으로,
다스리는 자는 부지런함으로,
긍휼을 베푸는 자는 즐거움으로 할 것이니라"

6설에 "우리에게 주신 은혜대로 받은 은사가 각각 다르다"는 말씀이 나옵니다. '은사의 다양성'입니다. 성령은 교회 공동체를 섬기도록 하기 위해서 필요한 은사들을 형편과 사정에 따라서 각 신자들에게 다양하게 나누어 주십니다. 어떤 사람에게는 예언의 은사를 주시는가 하면, 다른 사람에게는 섬김의 은사를 주십니다. 이 사람에게는 가르치는 은사를 주시는가 하면, 저 사람에게는 위로의 은사를 주십니다. 구제의 은사, 다스리는 은사, 긍휼을 베푸는 은사 등, 성령께서 각 사람에게 맞는 은사를 다양하게 주십니다.

신자는 내가 가진 은사와 다른 사람이 가진 은사를 비교하지 않아야 합니다. 자신이 받은 은사를 겸손하게 감사로 받고, 다른 신자들의 은사들에 대해서는 존중해야 합니다. 나의 은사와 다른 사람의 은사를 비교하지 않아야 하는 이유는 자명합니다. 비교가 우열과 서열을 낳기 때문입니다. 우열과 서열을 가리는 것이 교회 분쟁의 씨앗이 되기 때문입니다.

② 은사의 가치는 서열이 아니라 쓰임에 달려있다는 사실을 유념하기

③ 은사는 공동체를 세우기 위해서 주어진 것임을 인식하기

④ 하나님이 주신 자리에서 충성하는 것이 가장 귀하다고 생각하기

2. 성령의 열매(Fruits of Holy Spirit)

성령의 열매는 신자가 자신 안에 내주하시는 성령의 인도하심에 순종함으로써, 주님 되신 그리스도의 인격적인 품성을 닮아가는 것을 말합니다. 갈라디아서 5장이 성령의 열매 9가지를 소개하고 있습니다. 사랑과 희락과 화평과 오래 참음과 자비와 양선과 충성과 온유와 절제입니다(갈 5:22-23). 이 덕목들은 신자가 성령님의 인도하심을 좇아서 신앙생활을 해 나갈 때 맺게 되는 열매들입니다.

함께 나누어요 ❼

9가지 성령의 열매 중에서 어느 열매가 가장 먼저 떠오르십니까? 이미 맺은 성령의 열매는 무엇입니까? 맺어가는 성령의 열매는 무엇입니까? 맺고 싶은 성령의 열매는 무엇입니까?

'사랑'(love)은 교회 공동체 안에서 서로를 향한 진정한 관심과 연대를 가능케 하며, 갈등이 생겼을 때 용서와 화합을 이루게 하는 힘이 있습니다. '희락'(joy)은 고난과 역경 속에서도 기쁨을 잃지 않게 해 주면서 교회 공동체에 소망과 활력을 불어넣습니다. '화평'(peace)은 신자에게 내적 안정을 주고 주변 사람들과 조화를 이루어서 분열 대신 일치를 경험하게 합니다. '오래 참음'(patience, 인내)은 어려운 상황을 견디게 하면서, 나의 믿음의 성장을 이끌어 냅니다. '자비'(mercy)는 신자로 하여금 약한 자를 불쌍히 여기는 마음을 불러일으켜서 실제적인 섬김과 나눔을 가능케 합니다. '양선'(goodness)

은 도덕적으로 훌륭한 성품으로서, 신자로 하여금 선한 행동을 실천하면서 세상 속에서 빛과 소금의 역할을 감당하도록 돕습니다. '충성'(faithfulness, 신실함)은 하나님과 이웃에게 나를 일관되게 신뢰케 하면서 관계의 신뢰 기반을 튼튼히 세웁니다. '온유'(gentleness)는 신자로 하여금 부드러운 마음과 태도를 가지고 상대를 존중하게 합니다. '절제'(self-control, 자기 통제)는 신자로 하여금 욕망과 감정을 다스려서 균형 잡힌 삶을 살게끔 하고, 신앙생활의 목적지를 향해서 흔들림 없이 나아가게 합니다.

신자는 성령의 열매들을 다양하게 맺으면서 신앙의 깊이와 넓이가 더해져 가고 넓어져 갑니다. 이 열매들은 그리스도의 성품을 닮아가는 신자의 신앙 여정의 표지입니다. 성령의 능력이 신자의 삶 속에서 실제로 역사하고 있음을 보여주는 증거입니다. 성령의 열매를 맺는 삶은 단순한 인격 수양이 아니라, 성령께서 내 안에 살아 역사하신다는 확실한 표징입니다.

성령의 9가지 열매들이 조화를 이룰 때 교회 공동체에 어떤 변화가 생길까요? 성령의 9가지 열매들이 조화를 이루면 나의 직장과 가정에도 변화가 찾아올 것입니다. 직장과 가정이 어떻게 변화될 것을 기대하나요?

성령의 열매는 저절로 맺히는 것이 아니라, 신자가 성령님과 동행하며 순종할 때 점점 자라납니다. 신자가 어떻게 성령의 열매를 맺을 수 있을까요? 그 길은 말씀과 기도 가운데 성령의 인도하심을 구하며, 일상 속에서 작은 순종을 쌓아가는 데 있습니다.

① 성령을 좇아서 살 때 성령의 열매를 맺음(to Walk in Step with)

성령을 좇아서 살 때 성령의 열매를 맺습니다.

[갈라디아서 5:25]
"만일 우리가 성령으로 살면 또한 성령으로 행할지니"

바울이 '신자가 성령을 좇는 삶'에 대해서 말씀하고 있습니다. 성령의 열매를 맺기 위해서 신자는 성령을 좇는 삶을 살아야 합니다. 시간 시간마다 성령의 인도하심에 귀를 기울이며, 그 음성에 순종하겠다는 마음을 품어야 합니다. 이때 신자에게 말씀 묵상과 기도는 성령의 목소리를 분별하고 그분과 동행하는 것을 가능케 하는 중요한 도구입니다.

또한 신자는 성령께서 우리 안에 맺어가시는 열매를 기대하면서, 끊임없이 나 자신을 비우면서 성령께 나의 자리를 내어드려야 합니다. 이렇게 성령을 좇아서 살아갈 때 비로소 신자는 참된 자유와 영적 성숙을 경험하게 됩니다. 성령을 따르는 삶은 나의 생각과 감정과 행동을 그리스도의 기준에 맞추면서 계속해서 나 자신을 변화시켜 나가는 기나긴 여정입니다.

② 헛된 영광을 구하지 않을 때 성령의 열매를 맺음
  (not to Seek Vain Glory)

헛된 영광을 구하지 않을 때 성령의 열매를 맺습니다.

[갈라디아서 5:26]
"헛된 영광을 구하여 서로 노엽게 하거나 서로 투기하지 말지니라"

'헛된 영광을 구하지 않는 것', '다른 신자들을 노엽게 하지 않는 것', '서로 투기하지 않는 것!' 이러한 것들도 성령의 열매를 맺는 데 필수적으로 요청되는 모습들입니다. 신자는 예수 그리스도를 믿기 이전과 비교했을 때, 삶의 목표가 바뀐 사람들입니다. 예수 그리스도를 믿기 이전에는 나의 영광을 위해서 살았지만, 믿음이 들어간 후에는 하나님의 영광을 위해서 살아갑니다. 삶의 목표가 나 자신에서 하나님으로 바뀌었습니다.

매일 매일의 삶 속에서 성령님의 인도하심에 민감한 삶을 살아갈 때, 우리는 헛된 영광을 구하지 않고 하나님의 영광을 구하게 됩니다. 다른 믿음의 동료들을 노엽게 하지 않습니다. 다른 믿음의 동료들을 투기하지 않습니다. 우리의 삶의 초점이 나 자신에서 성령께로 옮겨질 때 심령 가운데 기쁨과 감사가 지속됩니다. 나아가서 서로를 세우고 존중하는 공동체를 이루어나갈 수 있습니다. 궁극적으로 나의 모든 생각과 말과 행동이 하나님의 영광을 드러내는 통로가 됩니다.

함께 나누어요 ❾

헛된 영광을 구하는 사례에 무엇이 있을까요?
① 봉사나 사역에서 사람들의 칭찬을 기대한다.
② 내 의견이 받아들여지지 않으면 서운해한다.
③ 내가 한 일이 공로를 사람들에게 인정받고 싶어진다.
④ 다른 사람보다 더 중요한 위치에 있고 싶어진다.

지금까지 "성령 하나님 이야기"라는 주제로 성경 공부를 하였습니다. 성경 공부를 통해서 깨달은 점이나 마음에 남은 은혜나 새롭게 얻은 통찰을 간단하게 적어 보시기 바랍니다. 이 기록이 앞으로 하나님과 함께 걸어갈 믿음의 여정을 새롭게 준비하는 소중한 흔적이 될 것입니다.

예시

성령의 은사와 열매가 서로 다른 영역이지만, 신자의 삶 속에서 균형 있게 함께 자라가야 한다는 점을 배웠습니다. 특히 은사를 통한 섬김이 성령의 열매로 이어질 때, 교회 공동체가 더욱 건강하게 세워진다는 가르침이 인상 깊었습니다. 앞으로는 성령께서 주신 은사를 겸손히 활용하면서, 삶 속에서 그분의 열매가 자연스럽게 맺히도록 더욱 힘쓰겠습니다.

참고도서

고든 도널드 피, 오광만 역. 『성경을 어떻게 읽을 것인가』, 성서유니온선교회, 2004.

김균진. 『죽음의 신학』, 대한기독교서회, 2010.

김도훈. 『길 위의 하나님:일상, 생명, 변증의 눈으로 보는 신학』, 조이웍스, 2014.

김동건. 『그리스도론의 미래』, 대한기독교서회, 2020.

김동건. 『모든 사람에게:김동건의 신학이야기』, 대한기독교서회, 2014.

김명용. 『이 시대의 바른 기독교 사상』, 장로회신학대학교출판부, 2001.

김명용. 『죽음 이후에는 어떻게 될까?』, 온신학출판사, 2024.

김명용. 『현대의 도전과 오늘의 조직신학』, 장로회신학대학교출판부, 1997.

김지철 외. 『성령과 교회』, 장로회신학대학교출판부, 1998.

맥그라스 알리스터, 김기철 역. 『신학이란 무엇인가:Reader』, 복있는사람, 2021.

다니엘 레슬리 밀리오리, 신옥수 역. 『기독교 조직신학 개론:이해를 추구하는 신앙』, 새물결플러스, 2021.

마이클 제임스 고먼, 박규태 역. 『요한계시록 바르게 읽기:시민 종교를 거부하는 참된 예배와 증언』, 새물결플러스, 2021.

민영진. 『히브리어에서 우리말로』, 도서출판두란노, 1996.

바빙크 헤르만, 박태현 역. 『개혁교의학 1』, 부흥과개혁사, 2011.

박찬국. 『니체와 하이데거』, 도서출판 그린비, 2016.

백충현. 『내재적 삼위일체와 경륜적 삼위일체』, 새물결플러스, 2015.

소광희 외. 『인간에 대한 철학적 성찰』, 문예출판사, 2014.

스탠리 제도크 그렌츠, 신옥수 역. 『조직신학:하나님의 공동체를 위한 신학』, 크리스챤다이제스트, 2003.

신옥수. 『이토록 따스한 성령님』, WPA, 2023.

싱클레어 퍼거슨, 김재성 역. 『성령』, IVP, 2010.

신현우. 『사본학 이야기:잃어버린 원문을 찾아서』, 웨스트민스터출판부,

2005.

아더 핑크, 임원주 역.『하나님의 주권』, 도서출판예루살렘, 2004.

안토니 앤드루 후크마, 류호준 역.『개혁주의 인간론』, 기독교문서선교회, 1993.

윤철호.『너희는 나를 누구라 하느냐』, 대한기독교서회, 2003.

윤철호.『인간:인간의 본성과 운명에 관한 학제간 대화』, 새물결플러스, 2017.

윤철호 외.『신학과 과학의 만남』, 새물결플러스, 2021.

윤철호 외.『신학과 과학의 만남 2』, 새물결플러스, 2022.

윤철호 외.『신학과 과학의 만남 3』, 새물결플러스, 2023.

위르겐 몰트만, 김균진 역.『과학과 지혜:자연과학과 신학의 대화를 위하여』, 2003.

이인 그레이엄 비버, 김연수 여.『자연 인간 그리고 하나님:실재에 대한 통전적 앎을 위한 과학과 신학의 연대』, 샘솟는기쁨, 2024.

이종성.『성령론』, 대한기독교출판사, 2002.

정성욱.『스피드 조직신학』, 홍성사, 2006.

제임스 이넬 패커, 정옥배 역.『하나님을 아는 지식』, 한국기독학생회출판부, 2003.

존 로버트 왈름슬리 스토트, 정옥배 역.『비교할 수 없는 그리스도』, 한국기독학생회출판부, 2003.

진교훈 외.『인격:고대로부터 현대에 이르기까지의 인격의 의미』, 서울대학교출판문화원, 2014.

최윤배.『개혁신학 입문』, 장로회신학대학교출판부, 2015.

최윤배.『성령론 입문』, 장로회신학대학교출판부, 2010.

최윤배.『조직신학 입문』, 장로회신학대학교출판부, 2013.

최윤배.『깔뱅신학 입문』, 장로회신학대학교출판부, 2012.

케네스 보아, 이정곤 역.『하나님, 그것이 알고 싶어요』, 기독교문화사, 1994.

클라이브 스테이플스 루이스, 장경철 역.『순전한 기독교』, 홍성사, 2003.

테렌스 L. 니콜스, 김연수 역.『죽음과 죽음 이후:그리스도인의 위대한 희망, 죽음을 어떻게 대할 것인가?』, 샘솟는기쁨, 2024.

폴 헬름, 이승구 역. 『하나님의 섭리』, IVP, 2009.

피터 젠센, 김재영 역. 『하나님의 계시』, IVP, 2008.

한스 요아힘 크라우스, 박재순 역. 『조직신학:하나님의 나라, 자유의 나라』, 한국신학연구소, 2000.

현요한. 『성령 그 다양한 얼굴』, 장로회신학대학교출판부, 1998.

Hans Schwarz. 『Eschatology』, Eerdmans Publishing, 2000.

Louis Berkhof. 『Systematic Theology』, Eerdmans Publishing, 1996.

Terrance Tiessen. 『Providence & Prayer』, InterVarsity Press, 2000.

함께 나누어요 - 정답

[1과]

1. 모두 답이 될 수 있음

2. 주관식 예시 답변 - "성경이 하나님의 말씀이라는 사실을 믿기 때문에 인생의 중요한 선택을 할 때 저의 기준을 말씀에 둡니다. 시편 119편 105절 말씀('주의 말씀은 내 발에 등이요 내 길에 빛이니이다')을 붙잡으면서, 혼란스러운 순간마다 말씀을 등불 삼아서 방향을 찾아가려고 합니다."

3. 모두 답이 될 수 있음

4. 주관식 예시 답변 - "성경은 단순히 자연 현상을 설명하는 책이 아니라, 하나님과 인간, 죄와 구원에 관한 '궁극적인 진리'를 가르쳐 주기 때문에 진리의 책이라 믿습니다. 말씀대로 살아갈 때 삶이 변화되고 관계가 새로워지는 것을 보면서, 성경의 진리성을 더욱 확신하게 됩니다."

5. 모두 답이 될 수 있음

6. 모두 답이 될 수 있음

[2과]

1. 모두 답이 될 수 있음

2. ②

3. 모두 답이 될 수 있음

4. 모두 답이 될 수 있음

5. 모두 답이 될 수 있음

6. 주관식 예시 답변 - "저는 하나님께서 성경 전체를 주관하시되, 기계적으로 받아 적게 하신 것이 아니라 성경 각 기자의 삶과 경험을 사용하셨다고 믿습니다. 성경 영감에 대한 제 입장은 기계적 영감설 보다는 유기적 영감설에 가깝습니다."

7. 모두 답이 될 수 있음

8. 모두 답이 될 수 있음

[3과]

1. 모두 답이 될 수 있음

2. 모두 답이 될 수 있음

3. 모두 답이 될 수 있음

4. 주관식 예시 답변 - "말씀이 잘 이해되지 않을 때, 성급하게 결론을 내리지 않고 그냥 그 말씀을 마음에 담아 두려고 합니다. 계속 읽고 묵상하던 중에 때에 맞춰서 그 말씀의 의미를 깨닫게 해 달라고 하나님께 기도합니다."

5. 모두 답이 될 수 있음

[4과]

1. 주관식 예시 답변 - "한때는 하나님을 막연하게만 생각했지만, 지금은 성경 말씀과 역사 속 증거들을 통해서 하나님이 살아계신다고 확신합니다. 저는 '신이 있을 수도 있다'는 불가지론이 아니라, '분명히 존재하시면서 주권적으로 인류와 역사를 다스리시고 이끌어 가시는 하나님'을 믿는 신앙에 서 있습니다."

2. 모두 답이 될 수 있음

3. 모두 답이 될 수 있음

4. 모두 답이 될 수 있음

5. ① ④

6. 모두 답이 될 수 있음

7. 모두 답이 될 수 있음

[5과]

1. ②

2. ③

3. ②

4. ① ③ ④

[6과]

1. 모두 답이 될 수 있음

2. 모두 답이 될 수 있음

3. 모두 답이 될 수 있음

4. 모두 답이 될 수 있음

5. 주관식 예시 답변 - "성령님은 예수님을 드러내는 영이시기에, 성령 충만할수록 예수님을 더 선명하게 바라보게 된다고 믿습니다. 그래서 참된 성령 체험은 나를 드러내기보다, 예수님의 십자가와 부활을 더 증언하게 만드는 방향으로 흘러간다고 생각합니다."

6. 주관식 예시 답변 - "삼위일체 교리를 모든 교회가 함께 받아들인 것을 보면서, 이것이 기독교 신앙의 '선택 사항'이 아니라 '핵심 진리'임을 생각하게 됩니다. 모든 신앙인들에게 삼위일체 교리는 하나님을 바르게 믿기 위해서 꼭 붙들어야 할 지침이라고 여깁니다."

7. 주관식 예시 답변 - "삼위일체를 이해하기까지 긴 시간이 필요했다는 것을 보면서, 하나님을 아는 지식이 '한순간의 시험공부'가 아니라 '평생의 여정'인 것을 생각하게 됩니다. 그래서 저는 지금 다 이해하지 못해도, 말씀과 기도 속에서 하나님을 조금씩 더 깊이 알아가려고 노력을 게을리하지 않겠습니다."

8. 모두 답이 될 수 있음

[7과]

1. 모두 답이 될 수 있음

2. 모두 답이 될 수 있음

3. 모두 답이 될 수 있음

4. 주관식 예시 답변 - "성경은 죄를 '하나님을 떠나서 내 마음대로 살려는 태도'로 봅니다. 겉으로 큰 잘못을 저질렀는지보다, '하나님 중심'이 아닌 '나 중심'이 되는 것이 죄의 뿌리라고 생각합니다."

5. 모두 답이 될 수 있음

[8과]

1. 모두 답이 될 수 있음

2. 주관식 예시 답변 - "제가 예수님의 십자가 죽음과 부활을 믿음으로 이미 의롭다 하심을 받은 것은 분명하지만, 이 땅에서 저의 삶의 모습은 아직 완전하지 않다고 생각합니다. 그래서 저는 '이미 의롭게 됐지만, 여전히 성화되

어 가는 중인 사람'으로 내 자신을 바라보려고 합니다."

3. 주관식 예시 답변 - "이 단절은 인간의 연약함과 죄의 결과이지만, 동시에 '몸의 부활을 향한 기다림의 시간'이라고 생각합니다. 영혼은 주님 품에 안겨 쉬고, 육체는 부활의 날까지 잠시 잠들어 있는 것으로 생각하고 싶습니다."

4. 주관식 예시 답변 - "인간의 죄로 인해 만연된 세상의 불의와 고통의 현실이 우리 신앙인들에게 하나님 나라를 더 간절히 기다리게 만드는 계기가 된다고 생각합니다. 이 현실 속에서 더욱 기도하면서, 작은 자리에서라도 하나님의 정의와 사랑을 실천할 것을 다짐해 봅니다."

5. 모두 답이 될 수 있음

[9과]

1. 모두 답이 될 수 있음

2. 주관식 예시 답변 - "일이 막히는 것을 무조건 실패라고 여기지 않고, 성령님께서 더 나은 길로 이끄시기 위해서 '멈춤'을 주신 것일 수 있다고 생각합니다. 그래서 속상한 마음을 솔직히 아뢰면서, '주님, 왜 막으셨는지 나중에라도 알게 해 주세요'라고 기도하려고 합니다."

3. 모두 답이 될 수 있음

4. 주관식 예시 답변 - "성령께서 예수님을 구주로 믿게 하시지 않으면, 그 어떤 은사나 체험도 참된 구원과 연결될 수 없기 때문에 '첫 번째 사역'이라 부른다고 생각합니다. 믿음의 시작을 여시는 분이 성령님이시기 때문입니다."

5. 모두 답이 될 수 있음

6. 모두 답이 될 수 있음

7. 성령 하나님

8. ③

[10과]

1. 주관식 예시 답변 - "하나님께서 초인적인 능력과 지혜를 허락하신다면, 그 능력을 가지고 무엇보다 복음을 들어야 할 사람들에게 예수 그리스도를 전하는 데 집중하고 싶습니다. 많은 말을 하지 않아도 마음 문이 열리고, 예수님을 영접하는 역사가 일어나는 데에 쓰임 받기를 원합니다."

2. 모두 답이 될 수 있음

3. 모두 답이 될 수 있음

4. 주관식 예시 답변 - "기도하던 중에 갑자기 마음 깊은 곳에서 하나님께 대한 감사와 회개의 마음이 밀려온 적이 있습니다. 성령님의 임재로 느껴져서, 그 흐름을 막지 않고 솔직하게 기도하며 제 삶을 다시 하나님께 드리겠다고 결단하였습니다."

5. 주관식 예시 답변 - "저는 성령님의 임재가 때로는 강하게, 때로는 아주 부드럽게 나타날 수 있다고 믿습니다. 중요한 것은 '현상의 크기'가 아니라, 그 이후 내 삶이 하나님께 더 가까이 나아갔는지의 여부라고 생각합니다."

6. 주관식 예시 답변 - "어떤 특별한 순간에 성령 충만을 깊이 경험할 수 있지만, 그 이후에도 계속해서 채움이 필요하다고 느낍니다. 마치 매일 숨을 쉬어야 하듯이, 신자도 매일 성령님의 도우심을 구하고 순간순간의 채워짐 속에서 살아가야 한다고 생각합니다."

7. 주관식 예시 답변 - "신자가 말씀과 기도 가운데 자신을 낮추고 성령님의 도우심을 구할 때 성령 충만해진다고 믿습니다. 성령 충만해질수록 죄를 민감하게 깨닫고, 예수님을 더 사랑하고 싶은 마음이 커진다고 생각합니다."

8. 모두 답이 될 수 있음

9. 주관식 예시 답변 - "'내 몸이 성전'이라는 말씀을 들으면, 하나님이 내 안에 거하신다는 사실이 두려우면서도 감사하게 다가옵니다. 그래서 내 몸을 함부로 쓰지 않고, 건강과 생활 습관을 돌보는 일 모두가 영적인 책임이라는 생각을 하게 됩니다."

10. 모두 답이 될 수 있음

[11과]

1. ② ③ ④

2. 모두 답이 될 수 있음

3. 모두 답이 될 수 있음

4. 모두 답이 될 수 있음

5. 모두 답이 될 수 있음

6. 모두 답이 될 수 있음

7. 주관식 예시 답변 - "저는 '충성'의 열매가 늘 마음에 남습니다. 큰일은 아니어도 맡겨진 자리에서 꾸준히 섬기게 하신 것을 보면서, 하나님께서 충성

의 열매를 맺어 가시는 것 같다고 느낍니다. 여기에 더해서 사람들과의 관계 속에서 '온유'의 열매도 맺혀져 가길 기도합니다."

8. 주관식 예시 답변 - "성령의 열매가 풍성한 교회는 말이 거칠지 않고, 서로를 향한 배려와 섬김이 자연스러운 공동체일 것이라 믿습니다. 직장에서는 작은 일에도 성실과 충성으로 신뢰를 쌓고, 가정에서는 기쁨과 감사가 더 자주 오가는 집이 되기를 기대합니다."

9. 모두 답이 될 수 있음